新形势下企业经济
管理的创新研究

韩 雯 王 丽 薛汝旦◎著

吉林出版集团股份有限公司 | 全国百佳图书出版单位

图书在版编目（CIP）数据

新形势下企业经济管理的创新研究 / 韩雯，王丽，薛汝旦著 . —— 长春 : 吉林出版集团股份有限公司，2024.3

ISBN 978-7-5731-4766-0

Ⅰ. ①新… Ⅱ. ①韩… ②王… ③薛… Ⅲ. ①企业管理—经济管理—研究 Ⅳ. ① F272

中国国家版本馆 CIP 数据核字 (2024) 第 073152 号

新形势下企业经济管理的创新研究
XINXINGSHIXIA QIYE JINGJI GUANLI DE CHUANGXIN YANJIU

著　者　韩　雯　王　丽　薛汝旦
出 版 人　吴　强
责任编辑　蔡宏浩
装帧设计　万典文化
开　本　787 mm × 1092 mm 1/16
印　张　11.5
字　数　250千字
印　数　1—2000
版　次　2024 年 6 月第 1 版
印　次　2024 年 6 月第 1 次印刷
出　版　吉林出版集团股份有限公司
发　行　吉林音像出版社有限责任公司
　　　　（吉林省长春市南关区福祉大路 5788 号）
印　刷　吉林省信诚印刷有限公司
标准书号　ISBN 978-7-5731-4766-0　　　　定　价　72.00 元
如发现印装质量问题，影响阅读，请与出版社联系调换。

PREFACE

在市场经济体制下，企业面临着巨大的生存压力和竞争压力，企业经济管理工作要不断创新，同时结合企业战略规划，可以使企业经济管理工作的开展更顺利，并更好地调节企业经济活动，使企业经济管理活动能够更加贴合新形势下企业的发展。企业经济管理工作是企业日常管理工作中一个重要的组成部分，企业管理者应通过树立良好的经济管理理念、提高企业经济管理工作效率，达到提高企业经济效益的目的。在新形势下，传统的企业经济管理方法在日常管理中遇到了前所未有的挑战。企业管理者应该从提高对企业经济管理工作的认识作为切入点，集中精力加强对经济管理工作的创新和发展，从而达到提高企业核心竞争力的目的。

本书首先对经济学的内涵、经济学发展历程、微观经济学与宏观经济学以及经济学研究的方法做了简要介绍；其次阐述了新形势下企业管理基础，其中包括企业与企业管理概述、企业管理的原理、现代企业制度、企业组织类型；再次分析了新形势下企业经济管理的内容，让读者对新形势下企业经济管理的内容有了全新的认识；然后对新形势下企业经济管理的创新进行了较大幅度的改进，最后从多维度阐述了互联网背景下企业经济管理模式的创新，充分反映了21世纪企业经济管理方面的前沿问题，力求让读者充分认识新形势下企业经济管理创新研究的重要性和必要性。本书兼具理论与实际应用价值，可供广大企业经济管理相关工作者参考和借鉴。

为了提升本书的学术性与严谨性，在撰写过程中，笔者参阅了大量的文献资料，引用了诸多专家学者的研究成果，因篇幅有限，不能一一列举，在此一并表示最诚挚的感谢。由于时间仓促，加之笔者水平有限，在撰写过程中难免出现不足的地方，希望各位读者不吝赐教，提出宝贵的意见，以便笔者在今后的学习中加以改进。

CONTENTS

目 录

1

第一章　新形势下经济学概述

第一节　经济学的内涵

一、经济学的内涵

经济学是西方经济学的简称，它是研究人们在稀缺条件下，如何出于成本收益考虑作出理性选择和资源配置的学科。经济学的逻辑是：由于稀缺，人们必须选择；选择就要有标准，经济学的标准是根据理性选择确定的一系列条件。经济学分为微观经济学和宏观经济学两个部分。

二、经济学的由来

经济学为什么会产生？西方经济学家普遍认为，是由于客观存在的稀缺性。所谓稀缺性，是指人的欲望总是超过能用于满足自身欲望的资源。这里的欲望是指人由于生理的、心理的缺乏而产生的愿望或需要。比如，人由于饥饿产生食欲，由于天气寒冷而需要穿更多保暖的衣物。而资源是指满足人类需要的手段或条件。从个人的角度看，资源包括时间、收入或物质财富、能力等。从社会角度看，资源可分为三类：人力资源、自然资源、资本资源。人力资源是指愿意并且能够参与经济活动的人。自然资源是指处于自然状态的生产性资源，如土地、矿藏、森林、河流、湖泊、海洋等。资本资源又称资本或资本品，是指在长期内能够投入生产过程，用于生产物品和劳务的经济活动生产出的物品。

在现实生活中，人的欲望具有无限扩展的可能性，表现为人对那些能够带来满足感的东西具有无止境的欲望。按照美国学者亚伯拉罕？马斯洛关于欲望层次的解释，人的欲望可以分为以下五个层次：第一，基本的生理需要，即吃、穿、住等生存的需要，这是最底层的需要；第二，安全的需要，即希望未来生活有保障，如免于伤害，免于受剥夺，免于失业等；第三，社会的需要，即感情的需要，爱的需要，归属感的需要；第四，地位的需要，即需要有名誉、威望和地位；第五，自我实现的需要，即出于对人生的看法，需要实现自己的理想。马斯洛认为这些欲望一个接一个地产生，当前一种欲望得到满足或部分满足以后，又会产生后一种欲望，所以欲望是无穷无尽的。

相对于人的无尽欲望，用于满足我们欲望的资源却是有限的。这是由人类生存的物质条件和环境决定的。这就是经济学中所称的稀缺性。需要注意的是，这里所说的稀缺性，不是指物品或资源绝对数量的多少，而是相对于人类欲望的无限性来说，再多的物品和资源也是不足的。

资源稀缺性是人类面临的永恒问题。追求欲望的满足是人类经济行为的基本目标和动力，资源的稀缺性则构成这种目标和动力的最终约束。因此，人类社会始终都面临着一个基本矛盾：欲望的无限性和资源的有限性之间的矛盾，这个矛盾是一切经济问题产生的根源。而经济学就是一门研究如何利用有限的资源来满足人类无限欲望的社会科学。

三、经济学研究的核心问题

当需要无限、多样，同时资源有限，且有多种可能用途时，把稀缺资源用于某种特定用途，就意味着必须放弃其他的可能用途，这就是选择行为。经济主体的选择，就是在资源的各种可能用途中，确定一项最重要的用途。这也称为决策。我们喜欢的东西很多，但是不能全部得到，这个时候就要求我们必须作出决策，在喜爱的不同东西之间进行取舍，选择一种最喜欢的，而不得不放弃另一种我们也喜爱的东西。在我们的生活中，无时无刻不存在着选择和决策。

个人和家庭需要选择多少时间用于工作，多少时间用于休闲娱乐；收入该如何分配；多余的收入是存在银行成为储蓄，还是购买国债或股票等锻企业则需要根据市场情况和自身战略，作出大量的经营选择：使用劳动密集型还是资本密集型作技术，维持原有的生产还是扩大生产规模，单产品经营还是多种经营，通过内部融资还是股市融资等。而对于一个社会而言，我们需选择多少资源用于生产大米等民用物品，多少资源用于生产武器等国防物品，武器生产多了，大米就生产少了，这就是我们所说的"大炮和黄油"之间的交替。

概括起来，经济主体的选择大致可以包括四个方面：第一，如何利用现有的经济资源；第二，如何利用有限的时间；第三，如何选择满足欲望的方式；第四，在必要时如何牺牲某种欲望来满足另外一些欲望。经济主体的选择要能解决以下四个经济学研究的核心问题。

（一）如何有效配置资源

经济主体的选择，不仅影响自己，还会影响到其他人，正是因为社会里人与人之间存在的相互联系和相互影响，人们可以通过交换，选择自己最擅长的业务，从而达到最有效的利用稀缺资源的目的。比如，甲、乙两人原来各自生产两种产品一面包和衬衫，但因为交换和分工的存在，两人可以转变为各自只生产一种自己最擅长的产品，这就意味着资源的重新分配，也就是说，甲可以把原来生产面包的资源用在生产衬衫上，而乙把原来用在生产衬衫上的资源用在生产面包上。把资源在不同产品生产上进行分配或重新分配，就是资源配置。资源配置主要涉及三个方面的问题，一是研究生产什么，生产多少。消费者如何选择需要的商品和劳务，厂商如何决定该生产什么商品，生产多少。政府怎样正确发挥自己的作用，它们之间存在什么关系，都是需要详细分析的。二是研究如何生产，即生产方式的问题。在这个方面，技术是个重要条件。产品的生产方式很多，可以手工制作，也可以用机器生产，两者的效率是很不同的，而机器也有先进和陈旧的区别。厂商如果多用机器，少用人工，可以提高生产效率，节约成本，但是却会造成大量工人的失业，形成社会问题。三是为谁生产。谁来消费生产出的产品？这是通过分配取得的收入来决定的，收入低的人，只能消费较少的商品和劳务，收入高的人可以消费更多的商品和劳务，还可以有储蓄和投资。那么，谁来决定人们的收入高低呢？从根本上来说，取决于投入生产时人们拥有资源的多寡和好坏，即资源的所有关系。拥有的资源多、质量好，取得的报酬也多，反之则少。在收入分配过程中，政府的税收和转移支付行为，也会发挥不小的作用。

（二）如何充分利用资源总量

如何充分利用资源总量的问题包括一国资源总量是充分利用了，还是有一些闲置，从而造成了浪费；货币和储蓄的购买力是不变呢，还是由于通货膨胀而下降了，或是因为通货紧缩而提高了；一个社会生产物品的能力是一直在增长呢，还是没有什么变化。或者是不是为了追求经济的增长破坏了环境或资源的再生能力，以经济的一时增长换来了生产能力的长期衰退，以至于不可持续发展等问题。

资源配置问题是研究人们如何进行选择，把可以有其他用途的稀缺资源使用于生产各种物品上，并把生产的物品分配给社会各成员；其主要目的是使资源达到合理有效的利用，属于微观经济学需要研究的问题。资源总量的充分利用问题是研究整个国民经济活动，使资源总量既不闲置，又不使用过度和滥用；主要目的是寻找用什么手段来改善一国资源总量的利用状况，实现潜在的国民收入和经济的稳定增长。并从长远考虑使经济可持续发展，这些则属于宏观经济学需要研究的问题。

（三）资源配置和利用的社会形式

由谁来作出资源配置和利用决策，以何种机构、方式作出决策并贯彻实行？这是经济运行的体制和机制问题，即资源配置和利用的社会形式问题。决策体制和机制基本有两类：一类由政府计划决策，即计划配置，另一类由市场自我调节来决策，即市场配置。计划配置是指资源的配置依靠上级直接命令进行的，包括指定生产哪些产品和服务，用什么方式生产，生产出来的商品分配给谁等。这种配置方式的决策权高度集中在政府，政府依靠强制力、所有权、掌握的信息以及自身的偏好进行决策，而企业和家庭则依据政府的决策进行生产、就业和消费。商品的价格也完全由计划来确定，不再受市场供求关系的影响。由于信息的收集和传递缺乏公开性、透明性和效率，导致了根据这些信息制订的计划远远滞后于瞬息万变的实际需要，最终导致资源配置不当。20世纪80年代之后，很多国家先后改革或放弃了指令性计划。

市场配置则是指资源的配置由市场来进行，参与经济活动的每个经济主体独立作出决策，决定社会生产什么、如何生产、为谁生产，通过经济主体自主选择的交换来实现资源的有效配置。这里的市场是指商品买卖双方相互作用并得以决定其交易价格和交易数量的一种组织形式或制度安排。许多企业和家庭在产品和要素市场上相互交换，通过它们的分散决策实现社会资源的配置，这就称为市场经济。在市场经济中，企业决定雇佣谁和生产什么商品，家庭决定购买哪家企业生产的商品和为哪家企业工作，这些企业和家庭在市场上相互交换，个人利益和市场价格引导它们的选择，令人惊奇的是，成千上万的企业、家庭，在没有任何统一指令的条件下，分散作出的决策，不仅没有引起混乱，反而形成井井有条的社会分工和交换。并且，历史经验也显示，市场经济在资源配置方面非常成功，表现为单个主体的资源配置决策，既实现了自己利益的最大化，也同时实现了社会利益的最大化。而实现这一切的主要原因在于市场中存在一只"看不见的手"——价格。在市场经济中，商品的价格是由市场的供求关系共同来决定的，家庭和企业在决定购买和出售时，都会根据自己行动的社会收益和成本来关注价格。在价格这只无形的手的指引下，在大多数情况下，大家在实现个人利益的同时，也实现了整个社会福利的最大化。

西方经济学家认为，多数国家既有个人和市场决策，也有政府的公共决策，形成一种计划与市场混合的体制和机制。我们需要研究这两种决策是怎样实现的，比较各自的适用范围和优劣，分析哪些领域或多大程度适宜个人决策，哪些领域或多大程度由政府决策更为恰当，以使社会的经济效益更高。

（四）资源的所有关系

一国资源的总量、结构和性质，决定一国现实的生产力。投入生产的资源构成生产要素。资源或要素的稀缺性决定人们对其排他性占有，形成一定的所有制关系，即人们之间的经济利益关系。所有制关系的基础是资源或生产要素归谁所有。从历史和现实状况考察，它可以属个人所有、集体所有、社会或国家所有，还可以是混合所有。由于一国资源和生产力状况的多样性，由它决定的所有制结构也不是单一的，而是多种所有制并存的，但其中必有一种是主要的。一定的所有制结构形成该社会的基本经济基础。所有制的实现要通过生产、交换、分配和消费等经济运行过程。所有制形式本身也会随着资源和生产方式的改变而发展。

第二节　经济学发展历程

自古以来，世界各国都产生过与当时社会制度相适应的经济思想。人们一般认为，经济学作为一个独立的学科是从古典学派开始的。

一、古典学派

古典学派是 17 世纪中期到 19 世纪 30 年代以亚当？斯密为代表的论证自由竞争市场机制合理性的经济学流派。古典学派诞生于资本主义自由竞争时期，它的突出贡献是：①它将经济学研究领域从流通转向生产，将国民财富增长的原因归纳为劳动分工和资本积累，提高了资产阶级在社会经济中的地位；②它把以财产私有、契约自由、自我负责为核心的市场机制看成一只看不见的手，认为市场能够有效地进行资源配置；③它主张自由贸易政策，反对贸易保护主义；④它坚持劳动价值论，并揭示出工资、利润和地租的对立关系。

古典学派为资本主义制度在英国的建立和生产力的大发展提供了强大的思想武器。但是，它一直未能解释资本主义制度下等量资本要求获得等量利润的原则与劳动价值论的矛盾。

二、新古典学派

新古典学派是古典经济学之后以马歇尔等人为代表的使用边际分析和均衡分析等数量分析方法坚持经济自由主义的学派。新古典学派诞生于资本主义垄断时期，它的突出特点是：①用边际效用价值论取代劳动价值论，又给边际效用找到需求价格这种外在货币表现形式；②把价格看成效用与生产费用的关系，使资本主义制度下的供求关系决定价格的理论能够接受实践的检验；③它把边际分析、均衡分析、弹性分析等方法引入经济学，奠定了微观经济学的数理基础；④它用福利经济学和一般均衡分析论证了完全竞争市场是一个理想的世界。

新古典学派使经济学的模型分析找到更完美的外在表现形式，使理论更能接受现实的检验。但是，它认为市场的资源配置和收入分配功能是合理的，这种美化在 20 世纪 30 年代大危机面前完全缺乏说服力。

三、凯恩斯主义经济学

凯恩斯主义经济学是凯恩斯在 20 世纪 30 年代大危机背景下用总量分析论证资本主义市场经济必然存在失业，以及主张政府通过刺激总需求实现充分就业的经济学说。凯恩斯主义经济学的四大标志是：①以总量分析取代微观经济学的个量分析，创立了宏观经济学；②它证明了由于总需求不足，资本主义市场经济必然存在失业，颠覆了新古典经济学的思维方式；③主张以累进所得税和转移支付改变收入分配，解决市场失灵的主要表现；④主张政府在萧条时期用降低利率的货币政策刺激投资，用扩大政府支出的赤字财政政策刺激总需求。

凯恩斯主义经济学对各国产生广泛影响，刺激了"二战"后 20 世纪五六十年代的经济繁荣，促成了混合经济体制这种重大的制度变革。但是，20 世纪 70 年代资本主义国家普遍出现的"滞胀"（经济停滞与通货膨胀并存）证明赤字财政政策不是灵丹妙药，使它遭遇其他学派的严厉挑战陵此外，国有企业和高福利制度导致的低效率也引起人们的反思。

四、新古典综合派

新古典综合派是以萨缪尔森等人为代表的把凯恩斯的宏观经济学和新古典学派的微观经济学结合起来的经济理论。其突出贡献是：①提出 IS-LM 模型；用新古典的均衡分析重新阐述凯恩斯主义的收入决定理论，并把分析由商品市场扩大到货币市场；②它把分析扩大到劳动市场，建立了总供求模型，对通货膨胀提供了理论解释；③用乘数加速数模型为经济周期提供了新的理论解释；④把国际收支纳入宏观经济分析，建立了开放条件下的宏观经济学。目前大多数经济学教科书仍然基本采用新古典综合派理论体系。

新古典综合派存在内部矛盾：凯恩斯主义经济学强调市场失灵和新古典学派强调市场有效之间具有对立性，这就使得把二者混合在一起的新古典综合派不断受到来自左右两方面的批判。

五、新剑桥学派

新剑桥学派又称凯恩斯左派，它是以罗宾逊等人为代表的反对新古典经济学、主张以收入分配理论为核心发展凯恩斯主义的经济理论体系。其典型贡献是：①它提出各种经济增长模型，以长期动态分析弥补了凯恩斯主义短期分析的缺陷；②它认为凯恩斯主义应当以收入分配理论为核心，提出新剑桥增长模型，强调工资与利润的比例决定经济增长，并强调均衡增长在市场调节下难以实现；③它在政策主张上强调政府干预再分配来保证均衡增长得以实现；④它对垄断市场的资源配置功能进行了批判。新剑桥学派具有比较浓厚的社会主义色彩，这使它在西方国家不可能处于主流地位。

六、货币主义

货币主义是在 20 世纪 70 年代以来以费里德曼等人为代表的以现代货币数量论为基础的强调货币政策和浮动汇率制重要性的经济学流派。货币主义有四个核心观点：①它以现代货币数量论为理论基础，强调货币需求取决于收入、利率、财产、股票收益、物价预期等一系列因素，货币需求是一个稳定函数，货币供给变化从而对短期的收入和长期的物价能产生显著影响；②主张单一货币规则，即在任何形势下都实行货币供给按固定比率增加的政策，它可消除货币数量变化造成的不稳定因素，特别是可以解决通货膨胀问题；③它认为资本主义市场经济本身是稳定的，在政府经济职能空前强大的时代重新强调市场的资源配置功能，反对凯恩斯主义以增加政府支出为主要手段的财政政策和以利率为主要手段的货币政策；④强调浮动汇率制，反对固定汇率制。

货币主义的局限性在于它过于强调货币因素一个方面，对复杂的现实经济采取过于简化的模型分析。它对政府经济职能的否定态度使它对现实的解释力减弱。即使在采用货币主义的英美两国，政府虽然在削减社会福利支出和非国有化方面符合货币主义，但是在政府支出和国民经济军事化方面却与其背道而驰。

七、理性预期学派

理性预期学派又称新古典宏观经济学派，它是以卢卡斯等人为代表的以理性预期等概念重新阐述市场能实现充分就业的经济学说。其基本内容是：①提出市场出清假说，即工资和价格具有完全的可变性，它们的变化可保证劳动和商品市场迅速实现供求相等的均衡状态；②理性预期假说，即人们可以获得有关信息对未来作出符合理性的预测而不会犯系统性错误；③根据上述两个假说，它证明宏观经济政策无效而市场机制能有效调节经济运行；④它提出效率工资理论。效率工资是指企业为提高生产率而规定的高于市场出清水平的工资。它为非自愿失业提出新的解释。理性预期学派的两个假说是否成立，目前存在激烈争论。它与货币主义一样，对政府经济职能持原则上的否定态度。

八、供给经济学

供给经济学是以拉弗等人为代表的强调供给在经济中的重要性的经济学派。它的主要观点是：①社会经济面临的主要问题不是总需求不足，而是总供给不足；②信奉萨伊定律，即供给会创造对它自身的需求；③把减税作为政府政策的核心环节；④强调保证自由竞争才能实现经济发展。

该理论强调降低税率能够刺激投资从而带来更多税收的观点不能得到实践证明，采用供给经济学的美国里根政府的财政赤字超过以往美国历届政府财政赤字总和。

九、新凯恩斯主义经济学

新凯恩斯主义经济学是以斯蒂格利茨等人为代表的反对市场自动出清假说，主张坚持政府干预的经济学流派。它的主要贡献是：①用个量分析重新证明凯恩斯主义经济学关于市场机制不能实现充分就业的结论，它用典型消费者和典型企业代表全体消费者与全体企业，使宏观分析建立在微观分析的基础之上；②用工资和价格黏性说明市场不能迅速出清，工资和价格黏性是指工资和价格的调整慢于总需求的变动；③用不完全信息经济分析说明理性预期假说不能成立；④政策主张上强调政府干预经济运行的必要性。

经济学是处于不断发展变化中的学科。它的不断变化说明它具有随着环境变化而进行自我修正的生命力。它把检验结果作为判断理论是否正确的标准，具有一定程度的科学性。

第三节　微观经济学与宏观经济学

现代的西方经济学根据考察领域和角度的不同，分为微观经济学和宏观经济学。

一、微观经济学

微观经济学研究个体单位的选择或决策行为，这些个体单位包括消费者、员工、投资者、企业等任何参与经济运行的个人或实体，也包括这些个体进行经济活动的场所——单个产业或单个市场。微观经济学主要阐述和解释这些单个经济单位是如何作出各类选择和决策的。例如，消费者该选择购买什么商品，购买多少件？厂商该雇佣多少员工，购买多少生产资料，生产和销售多少数量的商品？单个市场是如何决定某种商品的价格和数量等。

二、宏观经济学

宏观经济学则是以整个国民经济活动作为研究对象，研究社会经济活动的总体表现，分析并理解经济总量水平及其变动的决定因素，这些经济总量涉及总产量、总就业、物价水平、国际收支等。宏观经济学主要分析总体行为背后隐藏的规律。国民收入的决定、长期增长、短期波动及其相关变量的运行是阐述宏观经济学原理的一条逻辑线索。

三、微观经济学与宏观经济学的区别和联系

微观经济学和宏观经济学在形式上有所区别，但彼此之间也存在着联系。首先，宏观经济学分析的是总体行为的结果，而总体行为是以个体行为为基础的。因此，可以说，微观经济学是宏观经济学的基础，而宏观经济学的许多内容其实也是微观经济分析的延伸。其次，宏观经济学同样涉及市场的供求分析，不过，是总供求而不是单个市场的供求，要理解总体市场如何运转，必须要先了解消费者、企业等的行为。最后，微观经济学和宏观经济学的分析均是围绕资源的使用展开的，只是互相把对方所分析的内容作为自己的分析前提。

第四节　经济学研究的方法

一、实证分析和规范分析

（一）实证分析

实证分析是指以客观事实为依据，对现象本身或研究对象的内在规律进行描述、解释和预测。实证分析法超脱研究者的主观价值判断，只研究经济活动中各种经济现象之间的相互联系，分析和预测人们经济行为的后果。实证分析研究和回答的经济问题是：①经济现象是什么？经济事物的现状如何？②有几种可供选择的决策和方法？③如果选择了某种方案，将会带来什么后果？如以经济增长问题为例，按实证分析法，就是首先搜集一些历史统计资料，然后用相关分析、回归分析等统计分析方法，探讨经济增长是怎样实现的？哪些因素促进了经济增长？等等，至于这种经济增长是好还是坏，则置之不理。

（二）规范分析

规范分析是以一定的价值判断和伦理标准为出发点，制定出行为标准，考察经济运行的后果，然后对一个经济体系的运行进行好坏优劣的评价，并进一步说明一个经

济体系应当怎样运行才能符合这些标准，以及为此提出相应的经济政策。简而言之，规范分析是研究经济活动的价值判断标准的科学。规范分析研究和回答的经济问题是：①经济活动"应该是什么"或社会面临的经济问题应该怎么解决。②什么方案是好的，什么方案是不好的。③采用某种方案是否应该，是否合理，为什么要作出这样的选择。如仍以经济增长问题为例，若用规范分析法，就是：首先确立一些理想的经济增长标准，如经济增长应该"稳定""可持续""促进充分就业""保持物价稳定""提高居民生活水平"等，然后再看现实经济增长是不是符合这些标准，如果不符合，再考虑应该怎样进行调整，等等。

（三）实证分析和规范分析的联系与区别

1. 实证分析和规范分析的联系

规范分析要以实证分析为基础，而实证分析也离不开规范分析的指导。一方面，规范分析不能独立于实证分析，规范分析往往以实证分析得到的结论为前提当经济学家倡导、赞成或者反对某项社会政策时，其论据往往来自对该政策的相关影响因素及其相互关系的实证分析。另一方面，实证分析离不开规范分析的指导。事实上，实证分析和规范分析从未划分过清楚的界限，也许只是强调不一样或方法不一样。

2. 实证分析和规范分析的区别

第一，对价值判断的态度不同。实证分析为了使经济学具有客观科学性，就要避开价值判断问题；而规范分析要判断某一具体经济事物的好坏，则要从一定的价值判断出发来研究问题。是否以一定的价值判断为依据，是实证分析与规范分析的重要区别之一。

第二，要解决的问题不同。实证分析要解决"是什么"的问题，即确认事实本身，研究经济现象的客观规律和内在逻辑，分析变量之间的关系，并用于进行分析和预测。规范分析要解决"应该是什么"的问题，即要说明事物本身是好还是坏，是否符合某种价值判断，或者对经济现象的社会意义。

第三，实证分析得出的结论是客观的，可以用事实进行检验；规范分析得出的结论是主观的，无法进行检验。规范方法研究经济问题所得出的结论要受到不同价值观的影响，没有客观性。处于不同阶级地位，具有不同价值判断标准的人，对同一事物的好坏会作出截然相反的评价，谁是谁非没有绝对的标准，从而也就无法检验。

二、实证分析理论形成过程

尽管经济学应该既是实证经济学也是规范经济学，但在当代经济学中，实证经济学是主流，实证方法是经济分析中最基本的方法。实证分析是一种根据事实加以验证的陈述，而这种实证性的陈述则可以简化为某种能根据经验数据加以证明的形式。在运用实证分析法研究经济问题时，就是要提出用于解释事实（即经济现象）的理论，并以此为根据作出预测。这也就是形成经济理论的过程。

（一）理论的组成

一个完整的理论由定义、假设、假说和预测四个部分组成。

1. 定义

定义是对经济学所研究的各种变量所规定的明确的含义密变量是一些可以取不同数值的量。在经济分析中常用的变量有内生变量、外生变量、参数、存量与流量。内生变量是指一个经济模型中要加以说明的变量；外生变量是指那些可以影响内生变量，但是它们本身是由经济模型以外的因素决定的变量。存量是指在一定时点上存在的变量的数值；流量是指在一定时期内发生的变量数值。内生变量和外生变量、存量和流量相互交叉。存量和流量都可以是内生变量。

2. 假设

假设是某一理论所适用的条件。因为任何理论都是有条件的、相对的，所以在理论的形成中假设非常重要，离开了一定的假设条件，分析与结论就是毫无意义的。例如需求定理是在假设消费者的收入、嗜好、人口量、社会风尚等前提下来分析需求量与价格之间的关系。消费者收入、嗜好、人口量、社会风尚等不变就是需求定理的假设。离开这些假设，需求定理所说明的需求量与价格反方向变动的真理就没有意义。在形成理论时，所假设的某些条件往往不现实，但没有这些假设就很难得出正确的结论。

3. 假说

假说是两个或更多的经济变量之间关系的阐述，也就是未经证明的理论。在理论形成中提出假说是非常重要的，这种假说往往是对某些现象的经验性概括或总结。但要经过验证才能说明它是否能成为具有普遍意义的理论。因此，假说并不是凭空产生的，它仍然来源于实际。

4. 预测

预测是根据假说对未来进行预期。科学的预测是一种有条件性的说明，其形式一般是"如果……就会……"预测是否正确，是对假说的验证。正确的假说的作用就在于它能正确地预测未来。

（二）理论的形成过程

首先，要对所研究的经济变量确定定义，并提出一些假设条件。其次，根据这些定义与假设提出一种假说。根据这种假说可以提出对未来的预测。最后，用事实来验证这种预测是否正确。如果预测是正确的，这一假说就是正确的理论，如果预测是不正确的，这一假说就是错误的，要被放弃，或进行修改。

（三）理论的表述方式

运用实证分析得出的各种理论可以用不同的方法进行表述，也就是说，同样的理论内容可以用不同的方法表述。一般来说，经济理论有四种表述方法：第一，口述法，或称叙述法。用文字来表述经济理论。第二，算术表示法，或称列表法。用表格来表述经济理论。第三，几何等价法，或称图形法。用几何图形来表述经济理论。第四，代数表达法，或称模型法。用函数关系来表述经济理论。这四种方法各有其特点，在分析经济问题时得到了广泛的运用璧

三、实证的分析工具

实证分析要运用一系列的分析工具，诸如均衡分析与非均衡分析、静态分析与动态分析、定性与定量分析、个量分析与总量分析、长期分析与短期分析、经济模型、边际分析法等。

（一）均衡分析

1. 均衡分析的定义

均衡是从物理学中引进的概念。在物理学中，均衡表示同一物体同时受到几个方向不同的外力作用而合力为零时，该物体所处的静止或匀速运动的状态。英国经济学家马歇尔把这一概念引入经济学中，主要是指经济中各种对立的、变动着的力量处于

一种力量相当、相对静止、不再变动的境界。

经济学的均衡是指经济决策者（消费者个人、厂商）在权衡决策其使用资源的方式或方法时，认为重新调整其配置资源的方式已不可能获得更多的好处，每个人都不会愿意再调整自己的决策，从而不再改变其经济行为；或者相互抗衡的力量势均力敌，所考察的事物不再发生变化。如在目前的价格下，买方和卖方的决策正好相容，即买方愿买的数量恰好等于卖方愿卖的数量，若任何一方改变数量不会给自己带来更大的好处，则价格和数量便静止下来，达到均衡。

2. 均衡分析的分类

均衡又分为局部均衡与一般均衡。

局部均衡分析是将经济事件分为若干部分，将某些部分存而不论，而集中考察其中的某一部分。局部均衡是在假定某些因素不变的前提下，单个市场均衡的建立与变动，分析各种变量对单个市场的影响，即仅研究单个市场的均衡（单独分析产品市场，假设其他条件不变）。

一般均衡分析在分析决定某种商品的价格时，则在各种商品和生产要素的供给、需求、价格相互影响的条件下来分析所有商品和生产要素的供给与需求同时达到均衡时所有商品的价格如何被决定。一般均衡分析是关于整个经济体系的价格和产量结构的一种研究方法，是一种比较周到和全面的分析方法，但由于一般均衡分析涉及市场或经济活动的方方面面，而这些又是错综复杂和瞬息万变的，使得这种分析非常复杂和耗费时间。所以在西方经济学中，大多采用局部均衡分析。

（二）静态分析、比较静态分析和动态分析

1. 静态分析

静态分析即在既定的条件下考察某一经济事物在经济变量相互作用下所实现的均衡状态的特征，是根据既定的外生变量来求得内生变量值的分析方法。分析经济现象的均衡状态以及有关的经济变量达到均衡状态所需要具备的条件，它完全抽掉了时间因素和具体变动的过程，是一种静止地、孤立地考察某些经济现象的方法。静态分析是与均衡分析密切联系的一种分析方法，运用此方法分析经济规律时，是假定这些规律是在一个资本、人口、生产技术、生产组织和需求状况等因素不变这样设想的静态社会里起作用。比如，在消费者行为理论中，我们分别考察了价格、收入变动对消费者均衡的影响（供求均衡、消费者均衡）；在市场结构理论中，我们分析了厂商和行业在不同需求水平下均衡产量的决定（生产者均衡）；在要素定理中，我们也比较了在不同市场结构下厂商对均衡要素使用量的选择。

2. 比较静态分析

比较静态分析就是分析已知条件变化后经济现象均衡状态的相应变化，以及有关经济变量达到新的均衡状态时的相应变化。显然，比较静态分析只是对个别经济现象一次变动的前后以及两个或两个以上的均衡位置进行比较分析，而舍弃掉对变动过程本身的分析。在一个用解析法来描述的经济模型中，当外生变量发生变化时，内生变量也同样会发生变化。这种研究外生变量变化对内生变量的影响方式，以及分析比较不同数值的外生变量下的内生变量的不同数值的方法就是比较静态分析方法。

比较静态分析是将一种给定条件下的静态与新的条件下产生的静态进行比较。因为，如果原有的已知条件发生了变化，则导致有关的变量相应发生一系列变化，从而打破原有的均衡，达到新的均衡，比较静态分析就是对新、旧两种均衡状态进行对比分析。这种分析只是对既成状态加以比较，但并不涉及条件变化的调整过程或路径，不研究如何由原来的均衡过渡到新的均衡的实际过程。西方经济学中对价格——消费曲线、扩展线等的分析就是运用的比较静态分析方法。

3. 动态分析

动态分析是指考虑时间因素对所有均衡状态向新的均衡状态变动过程的分析。动态分析又被称为过程分析，其中包括分析有关经济变量在一定时间内的变化、经济变量在变动过程中的相互关系和相互制约的关系以及它们在每一时点上变动的速率等。按照英国经济学家希克斯的观点，动态分析方法又可以分为稳态分析和非稳态分析两种。稳态分析承认经济变量随着时间的推移而变化，但同时假设变动的比率或幅度为不随时间的推移而变动的数。稳态分析与静态分析之间只存在量的差异。非稳态分析则强调动态分析与静态分析间的质的差异，这种分析方法认为，由于时间的不可逆性，过去和未来是不相同的。过去的事情是确定的，而未来则具有不确定性。过去做的事情现在无法更改，要改也只能通过今后的步骤加以改变；而现在做的事情，对将来的影响无法确知。依靠过去的经验推断未来，结果常常是靠不住的。所以，为了对不确定的未来进行研究，就需要在动态分析中采用一批专门用来分析不确定性的概念。例如，企业之所以保持一定数量的存货，就是为了预防市场上可能出现的无法预料的变化对企业造成不利的影响。

（三）定性分析和定量分析

1. 定性分析

定性分析就是分析研究经济现象内在的性质与规律性。具体地说，是运用归纳、综合以及抽象与概括等方法，对获得的各种材料进行思维加工，从而能够去粗取精、去伪存真、由此及彼、由表及里，达到认识事物本质、揭示其内在的规律性。定性分析常被用于对事物相互作用的研究中。它主要是分析和解决研究对象"有没有"或者"是不是"的问题。

2. 定量分析

定量分析是将所研究的经济现象的有关特征及其变化程度实行量化，然后对取得的数据进行统计学处理，从对事物量变过程的分析中得出结论。从根本上说，定量分析渗透着这样一个观念：世界上一切事物不依赖人的主观意志而存在，是可以被认识的；它们的各种特征都表现为一定的量的存在或以不同的量的变化表现其变化的过程。定量分析是要说明事物或现象是"如何变化的"或"变化过程与结果怎样"的问题。定性分析与定量分析相互补充，相得益彰，具有不可分离的关系，处在统一的连续体之中。在实际经济问题分析过程中，定性分析为定量分析提供基础，定量分析的结果要通过定性分析来解释和理解。

（四）个量分析和总量分析

1. 个量分析

个量分析是指以单个经济主题（单个消费者、单个生产者、单个市场）的经济行为作为考察对象的经济分析方法。个量研究主要以单个经济主体的活动为研究对象，在假定其他条件不变的前提下研究个体的经济行为和经济活动，其特点是把一些复杂的外在因素排除，突出个体经济主体的现状和特征。这种研究方法在实践中主要分析单个企业中要素的投入量、产出量、成本和利润的决定及单个企业有限资源的配置、单个居民户的收入合理使用，以及由此引起的单个市场中商品供求的决定、个别市场的均衡等问题。

2. 总量分析

总量分析就是指对宏观经济运行总量指标的影响因素及其变动规律进行分析。总量分析主要是一种动态分析，因为它主要研究总量指标的变动规律。同时，也包括静态分析，因为总量分析包括考察同一时期内各总量指标的相互关系，如投资额、消费额和国民生产总值的关系等。总量分析方法把制度因素及其变动的原因及后果和个量都看成是不变或已知的前提下，以经济发展的总体或总量为研究主体，研究宏观经济总量及其相互关系。例如，在研究消费时，只着眼于社会总消费与总收入、总投资、总储蓄的相互关系，对个体的消费行为及其变动则不予关注。这种研究方法由于抓住经济运动的总体状况及总体结构，因而其研究结果对把握国民经济全局具有重要作用。但这种研究方法也有局限性，主要是往往忽视个量对总量的影响。

作为实证的分析方法，不论是总量研究方法，还是个量研究方法都具有重要的科学价值。由于个量与总量的关系不是简单的加和关系，有些经济现象从总体和个体不同的视角来研究，其结果会有所不同。

（五）长期分析和短期分析

经济现象在不同的时间尺度上具有不同的表现属性。短期分析和长期分析是经济学关于供给面的分析，以生产要素能否全部调整来判断。

"短期"定义：假设有一个生产要素是固定不变的，即不能加以调整，通常资本在短期内是不能变动的，即在不同部门间不能自由流动。而另一个生产要素（劳动）则可自由变动短期内只能调整原材料及工人的数量，而不能调整固定设备和管理人员的数量。

"长期"定义：厂商可以根据它所要达到的产量来调整其全部生产要素。长期条件下生产要素在不同部门间可以完全自由流动。微观经济学中的长短期与要素调整相联系，宏观经济学的长短期与价格灵活性所要求的时间相联系。区分长期与短期是经济学分析的重要背景之一，也是经济学争议的原因之一。

（六）经济模型

经济模型是指用来描述所研究的经济现象与有关的经济变量之间的依存关系的理论结构。简单地说，把经济理论用变量的函数关系来表示就称为经济模型。一个经济模型是指论述某一经济问题的一个理论，它可用文字说明（叙述法），也可用数学方程式表达（代数法），还可用几何图形式表达（几何法、画图法）。

由于任何经济现象不仅错综复杂，而且变化多端，如果在研究中把所有的变量都考虑进去，就会使得实际研究成为主要的可能。所以任何理论结构或模型，必须运用科学的抽象法，舍弃一些影响较小的因素或变量，把可以计量的复杂现象简化和抽象为为数不多的主要变量，然后按照一定函数关系把这些变量编成单一方程或联立方程组，构成模型。

由于在建立的模型中，选取变量的不同，及其对变量的特点假定不同，因此，即使对于同一个问题也会建立起多个不同的模型。经济数学模型一般是用一组变量所构成的方程式或方程组来表示的，变量是经济模型的基本要素。变量可被区分为内生变量、外生变量和参数。

（七）边际分析法

边际即"额外""追加"的意思，属于导数和微分的概念。边际分析就是运用微分方法研究经济运行中的增量变化，用以分析各经济变量之间的相互关系及变化过程，其结果可以用来考查，也可以说边际分析是指当自变量发生小量变动时，因变量相应的变动率。

边际分析法广泛运用于各经济行为和经济变量的分析过程，如对效用、成本、产量、收益、利润、消费、储蓄、投资、要素和效率等的分析中都有边际概念。本课程涉及的边际变量有：边际效用、边际收益、边际成本、边际产品、边际生产力等。

第二章 新形势下企业管理基础

第一节 企业与企业管理概述

一、企业概念

（一）企业的概念

所谓企业（enterprise）是土地、资本、劳动力、技术、信息等生产要素，在创造利润的动机和承担风险的环境中，有计划、有组织、有效率地进行某种事业的经济组织。为生存它必须创造利润；为创造利润它必须经受环境的考验，因此必须承担风险；为降低风险，增加利润，它必须讲求效率；为提高效率，它必须注意经营方法，进行有计划，有组织，有效的控制。

企业是从事生产、流通、服务等经济活动，为满足社会需要和获取盈利，依照法定程序成立的具有法人资格，进行自主经营，享受权利和承担义务的经济组织。企业是一个与商品生产相联系的历史概念，它经历了家庭生产时期、手工业生产时期、工业生产时期和现代企业时期等发展阶段。

企业包括工业（industry）、商业（business）等行业。工业就是将原料加工，使其变换形状或性质，进而以科学方法生产，扩展市场达到销售的目的。商业是以盈利为目的，直接或间接供应货物或劳务，以满足购买者的需要。货物包括原料、半成品、产成品，劳务则指以劳动形式为他人提供某种服务的活动。

综上所述，可将企业的含义归纳成如下几个要点。

（1）企业是个别经济单位，或为工业，或为商业，在一定时期内，自主经营、自负盈亏。

（2）从事经济活动，集合土地、资本、劳动力等生产要素，创造货物及劳务，以满足顾客需要。

（3）企业是一种营利组织，其生存的前提在于"利润的创造"。

（二）企业系统

现代企业具有明显的系统特征，具有整体性、相关性、目的性和动态环境适应性等特征。因此，也可以把企业看成一个"输入—转换—输出"的开放式循环体，其中企业的输入就是企业从事生产经营活动所必需的一切要素资源，转换和输出就是企业合理地配置这些资源要素，运用物理的、化学的或生物的方法，按照预定的目标向消费者生产或提供新的产品或服务，实现物质变换和增值，满足社会需要，获得经济效益。

企业系统的基本资源要素主要包括人力资源、物力资源、财力资源和信息资源等。

（1）人力资源。包括机器操作人员、技术人员、管理人员和服务人员。人力资源是企业的主体和灵魂，人的素质的高低决定企业经营的成败。

（2）物力资源。包括土地资源、建筑物和各种物质要素，也就是企业生存的物质环境，主要有：机器设备、仪表、工具等劳动手段；天然资源或外购原材料、半成品或成品，属于劳动对象。企业的生产效率和质量在很大程度上取决于这些物质要素。

（3）财力资源。即资金，这是物的价值转化形态。资金周转状况，是反映企业经营好坏的晴雨表。

（4）信息资源。包括各种情报、数据、资料、图纸、指令、规章制度等，它是维持企业正常运营的神经细胞。企业信息吞吐量是企业对外适应能力的综合反映，信息的时效性可以使企业获得利润或产生损失。

企业系统是由人设计和控制的系统，它是由许多子系统构成的多层、多元的大系统。

（三）企业家与资本家

企业家是指集合土地、资本和劳动力等生产要素，从事生产或分配的人。资本家是指提供生产要素"资本"的人。资本也就是增加收入，帮助生产的蓄积之财。

资本家与企业家不能混为一谈。在近代，管理权与所有权逐渐分离，经营企业者，不一定是出资的人，而出资的资本家，不一定实际经营企业。

（四）企业应具备的条件

企业应具备如下条件。

（1）企业要有一定的组织机构，有自己的名称、办公和经营场所、组织章程等要素。

（2）企业应自主经营项独立核算，自负盈亏，具有法人资格虹必须依据国家的相关法律法规设立，取得社会的责任，履行义务，拥有相应的权力，依法开展经营活动，受到法律的保护。

（3）企业是一个经济组织。包括物质资料的生产、疏通、交换和分配等领域，铁路、民航、银行、矿山、农场、电站、轮船制造等都是企业。它区别于学校、医院、政府机构、慈善机构等非经济组织。

二、现代企业的特征

现代工业又称为"大机器工业"，是在自然经济条件下的"个体手工业"和资本主义"工场手工业"的基础上发展起来的，表现出鲜明的特征，具体表现为如下几点。

（一）比较普遍地运用现代科学技术手段开展生产经营活动

采用现代机器体系和高技术含量的劳动手段开展生产经营活动，生产社会化、机械化、自动化、计算机化程度较高，并比较系统地将科学知识应用于生产经营过程中。

（二）生产组织日趋严密

内部分工协作的规模和细密程度极大地提高，劳动效率呈现逐步提高的态势。

（三）经营活动的经济性和营利性

现代企业必须通过为消费者提供商品或服务，借以实现企业价值增值的目标。经济性是现代企业的显著特征。企业的基本功能就是从事商品生产、交换或提供服务，通过商品生产和交换将有限的资源转换为有用的商品和服务，以满足社会和顾客的需要。一切不具备经济性的组织不能称为现代企业。现代企业作为一个独立的追求利润的经济组织，它是为盈利而展开商品生产、交换或从事服务活动的。盈利是企业生存和发展的基础条件，也是企业区别于其他组织的主要依据。

（四）对员工福利和社会责任的重视，形成特有的企业精神

现代企业具有公共性和社会性，要想谋求长远发展，必须得到股东、员工、顾客及社会公众的支持，因此，利润、员工福利和社会责任构成企业存续的三个基本因素。企业的一切经营活动，尤其是生产规模的扩大，无不借资金以成之，而资金最可靠的来源，则是企业的盈余供企业的利润是企业存续的第一要素。企业是生产设备和员工组成的一种经济组织，而人是机器设备的主宰者。生产效率的高低，受人为因素的影响最大，因此，现代企业为求生存，必须尊重员工的人性，重视员工的福利，以提高士气，建立互信。企业是构成整个社会的部分，若不重视社会大众的利益，甚至剥夺其利益，妨害社会安宁，污染环境，则必然遭到全社会的谴责和抵制，以致不能生存，因此，现代企业的管理者，无不重视社会责任。

现代企业是现代市场经济和社会生产力发展的必然产物，它较好地适应了现代市场经济和社会发展的客观要求，具有自己独有的特征。

三、企业的功能及强化企业管理的意义

（一）企业的功能

企业具有如下功能：①对社会慈善机构及服务机构，可以提供救济金、奖学金和各种服务基金。②对政府而言，按期纳税，执行政府的相关政策，与政府共谋经济发展。③对股东而言，报告企业的财务状况及经营情况，分配优厚而平稳的股息，保障股东投资安全。④对职工而言，提供良好的工作环境和合理的工作报酬，提供适当的工作保障，重视工作的安全性，给予员工发表意见的机会。⑤对顾客而言，提供价格合理的产品或服务，源源不断地提供充足且品质良好的商品更（6）对供应商而言，创造合理的采购条件，准时支付货款。

（二）强化企业管理的意义

在宏观经济体制转变，微观管理转型的形势下，企业管理仍然处于重要的地位。

（1）企业管理是企业长寿的根基，是培育企业核心竞争力的重要途径。

生产经营活动是企业的基本活动，企业的主要特征是进行商品生产或提供服务。因此生产什么样的产品，生产多少，什么时候生产，从而满足用户和市场的需求，就成为企业经营的重要指标。企业管理就是要把处于理想状态的经营目标，通过组织产品制造过程转化为现实。

（2）市场力量对比的变化对企业管理提出更高的要求。

在卖方市场条件下，企业是生产型管理。因为产品在市场上处于供不应求的状态，所以只要产品生产出来，就能够卖出去。企业管理关心的是如何提高生产效率，增加产量。但是，在市场经济条件下，市场变成了买方市场。在这种条件下，竞争加剧，市场对商品的要求出现多元化趋势，不但要求品种多、质量高，而且要求价格便宜、服务周到、交货准时。这种对产品需求的变化，无疑对企业管理提出新的挑战。

（3）企业领导角色的转化要求强化企业管理。

在现代市场经济条件下，企业的高层经理人员要集中精力，做好与企业的长期发展密切相关的经营决策。这需要有一套健全有力的企业管理系统作为保证，否则，如果企业的高层经理人员纠缠于日常管理活动，便难以做好企业的宏观决策。从这个意义上讲，企业管理属于企业发展的基础性工作。

第二节　企业管理的原理

企业管理的基本原理是指经营和管理企业必须遵循的一系列最基本的管理理念和规则。目前，关于企业管理基本原理的表述存在着不同的观点，可以说是仁者见仁，智者见智，意见顾不一致，本节仅介绍其中的主要观念。

一、系统原理

（一）系统的概念与特点

所谓系统是由两个或两个以上相互区别又相互联系、相互作用的要素组成的，具有特定功能的有机整体。一般来说，系统具有整体性、相关性、目的性、层次性、环境适应性等特点。系统本身又是它从属的一个更大系统的组成部分。从管理的角度看，系统具有以下基本特征。

（1）目的性。任何系统的存在，都是为了一定的目的，为达到这一目的，必有其特定的结构与功能

（2）整体性。任何系统都不是各个要素的简单集合，而是各个要素按照总体系统的同一目的，遵循一定规则组成的有机整体。只有依据总体要求协调各要素之间的

相互联系，才能使系统整体功能达到最优

（3）层次性。任何系统都是由分系统构成，分系统又由子系统构成。最下层的子系统由组成该系统基础单元的各个部分组成。

（4）独立性。任何系统都不能脱离环境而孤立存在，只能适应环境。只有既受环境影响，又不受环境左右而独立存在的系统，才是具有充分活力的系统。

（5）开放性。管理过程中各种因素都不是固定不变的，组织本身也在不断变革。

（6）交换性。管理过程中必须不断地与外部社会环境交换能量与信息。

（7）相互依存性。管理的各要素之间是相互依存的，而且管理活动与社会相关活动之间也是相互依存的。

（8）控制性。有效管理系统必须有畅通的信息与反馈机制，使各项工作能够及时有效地得到控制。

系统作为一种方法，在研究、分析和解决问题时必须具备以下观点。

（1）整体观点。整体的功效应大于各个个体的功效之和。

（2）开放性与封闭性观点。若系统与外部环境交换信息与能量，就可把它看成是开放的系统。反之，就可把它看成是一个封闭的系统。

（3）封闭则消亡的观点。凡封闭的系统，都具有消亡的倾向。

（4）模糊分界的观点。将系统与其所处的环境分开的"分界线"往往是模糊的。

（5）保持"体内动态平衡"的观点。开放的系统要生存下去，至少必须从环境中摄取足够的投入物来补偿它的产出物和其自身在运动中所消耗的能量。

（6）信息反馈观点。系统要达到体内动态平衡，就必须有信息反馈。

（7）分级观点。每个系统都有子系统，同时它又是一个更大系统的组成部分，它们之间是等级形态。

（8）等效观点。在一个社会系统内，可以用不同的输入或不同的过程实现同一个目标，不存在唯一的、最好的方式。

（二）企业管理系统的特点

企业管理系统是一个多级、多目标的大系统，是国民经济庞大系统的一个组成部分。企业管理系统具有以下主要特点

（1）企业管理系统具有统一的生产经营目标，即生产出适应市场需要的产品，提高经济效益

（2）企业管理系统的总体具有可分性，即将企业管理工作按照不同的业务需要可分解为若干个不同的分系统或子系统，使各个分系统、子系统互相衔接、协调，形成协同效应。

（3）企业管理系统的建立具有层次性，各层次的系统组成部分职责分明、各司其职，具有各层次功能的相对独立性和有效性，上层次功能统率其隶属的下层次功能，下层次功能为上层次功能的有效发挥起到铺垫作用。

（4）企业管理系统具有相对的独立性，任何企业管理系统都处在社会经济发展的大系统之中，因此，必须适应这个环境，但又要独立于这个环境，才能使企业管理系统处于良好的运行状态，达到企业管理系统的最终目的——获利。

二、分工原理

分工原理产生于系统原理之前，其基本思想是在承认企业及企业管理是一个可分的有机系统前提下，对企业管理的各项职能与业务按照一定的标准进行适当分类，并由相应的单位或人员承担各类工作，这就是管理的分工原理。

分工是生产力发展的要求。早在 17 世纪机器工业开始形成时期，英国经济学家亚当·斯密就在《国民财富的性质和原因研究》一书中，系统地阐述了劳动分工理论。20 世纪初，泰勒又对该理论做了进一步的发展。分工的主要好处如下。

（1）分工可以提高劳动生产率。劳动分工使工人重复完成单项操作，从而提高劳动的熟练程度，带来劳动生产率的提高。

（2）分工可以减少工作损失时间。劳动分工使工人长时间从事单一的工作项目，中间不用或减少变换工作而损失的时间。

（3）分工有利于技术革新。劳动分工可以简化劳动，使劳动者的注意力集中在一种特定的对象上，有利于劳动者创造新工具，改进设备。

（4）分工有利于加强管理，提高管理工作效率。泰勒将管理业务从生产现场分离出来之后，随着现代科学技术和生产的不断发展，管理业务得到进一步的划分，成立了相应的职能部门，配备了有关专业人员，从而提高了管理工作效率。

分工原理适用范围广泛。从整个国民经济来说，可分为工业、农业、交通运输、邮电、商业等部门。从工业部门来说，可按产品标志进行分工，设立产品专业化车间；也可按工艺标志进行分工，设立工艺专业化车间。在工业企业内部还可按管理职能不同，将企业管理业务分解为不同的类型，分别由相应的职能部门实施和完成，从而提高管理工作效率，使企业处于正常、良好的运转状态

分工要讲究实效，要根据实际情况进行认真分析。一般企业内部分工既要职责分明，又要团结协作，在分工协作的同时又要建立必要的制约关系。分工不宜过细，界面必须清楚，才能避免推诿、扯皮现象的出现。在专业分工的前提下，按岗位要求配备相应的技术人员，是企业产品质量和工作质量得到保证的重要措施。在搞好劳动分

工的同时，还加强对职工的技术培训，以适应新技术、新方法不断发展的要求。

三、弹性原理

弹性原理，是指企业为了达到一定的经营目标，在企业外部环境或内部条件发生变化时有能力适应这种变化，并在管理上表现出灵活的可调节性。现代企业是国民经济巨系统中的一个子系统，它的投入与生产都离不开国民经济这个巨大的系统；它所需要的生产要素由国民经济的各个部门投入，它所生产的产品又需要向其他部门输出。可见，国民经济巨系统是企业系统的外部环境，是企业不可控制的因素，而企业内部条件则是企业本身可以控制的因素。当企业外部环境发生变化时，企业可以通过改变内部条件适应这种变化，以保证达到既定的经营目标。

弹性原理在企业管理中应用范围广泛。计划工作中留有余地的思想，仓储管理中保险储备量的确定，新产品开发中技术储备的构想，劳动管理中弹性工作时间的应用等，都在管理工作中得到广泛的应用，并且取得了较好的成果。

近年来，在实际管理工作中，人们自觉不自觉地把弹性原理应用于产品价值领域，收到意想不到的效果，称其为产品弹性价值。产品价值由刚性价值与弹性价值两部分构成。形成产品使用价值所消耗的社会必要劳动量叫刚性价值，伴随在产品使用价值形成或实现过程中附着在产品价值中的非实物形态的精神资源，例如产品设计、制造者、销售者、商标以及企业的声誉价值，都属于产品的弹性价值，又称无形价值或精神价值，是不同产品的一种"精神级差"。这种"精神级差"是产品市场价值可调性的重要标准，是企业获得超额利润的无形源泉，在商品交换过程中呈弹性状态，是当今企业不断追求的目标之一。

四、效益原理

效益原理，是指企业通过加强管理工作，以尽量少的劳动消耗和资金占用，生产出尽可能多的符合社会需要的产品，不断提高企业的经济效益和社会效益。

提高经济效益是社会主义经济发展规律的客观要求，是每个企业的基本职责。企业在生产经营管理过程中，一方面要努力降低消耗、节约成本；另一方面要努力生产适销对路的产品，保证质量，增加附加值。从节约和增产两个方面提高经济效益，以求得企业的生存与发展。

企业在提高经济效益的同时，也要注意提高社会效益。经济效益与社会效益是一致的，但有时也会发生矛盾。一般情况下，企业应从大局出发，满足社会效益，在保证社会效益的前提下，最大限度地追求经济效益。

五、激励原理

激励原理，是指通过科学的管理方法激励人的内在潜力，使每个人都能在组织中尽其所能，展其所长，为完成组织规定的目标而自觉、努力、勤奋地工作。

人是生产力诸要素中最活跃的因素。创造团结和谐的环境，满足职工不同层次的需求，正确运用奖惩办法，实行合理的按劳分配制度，开展不同形式的劳动竞赛等，都是激励原理的具体应用，都能较好地调动人的劳动热情，激发人的工作积极性，从而达到提高工作效率的目的。

激励理论主要有需求层次理论、期望理论等。严格地说，激励有两种模式，即正激励和负激励。对工作业绩有贡献的个人实行奖励，在更大程度上调动其积极性，完成更艰巨的任务，属于正激励；对由于个人原因而使工作失误且造成一定损失的人实行惩罚，迫使其吸取经验教训，做好工作，完成任务，属于负激励。在管理实践中，按照公平、公正、公开、合理的原则，正确运用这两种激励模式，可以较好地调动人的积极性，激发人的工作热情，充分挖掘人的潜力，把工作做得更好。

六、动态原理

动态原理，是指企业管理系统随着企业内外环境的变化而不断更新自己的经营观念、经营方针和经营目标，为达到此目的必须相应改变管理方法和手段，使其与企业的经营目标相适应。企业在发展，事业在前进，要管理跟得上，关键在更新。运动是绝对的，静止是相对的，因此企业既要随着经营环境的变化，适时地变更自己的经营方法，又要保持管理业务上的适当稳定，没有相对稳定的企业管理秩序，也就失去了高质量的管理基础。在企业管理中与此相关的理论还有矛盾论、辩证法。好与坏、多与少、质与量、新与老、利与弊等都是一对矛盾的两个方面；在实际操作过程中，要运用辩证的方法，正确、恰当地处理矛盾，使其向有利于实现企业经营目标的方向转化。

七、创新原理

创新原理，是指企业为实现总体战略目标，在生产经营过程中，根据内外环境变化的实际，按照科学态度，不断否定自己，创造具有自身特色的新思想、新思路、新经验、新方法、新技术，并加以组织实施。企业创新，一般包括产品创新、技术创新、市场创新、组织创新和管理方法创新等。产品创新主要是提高质量，扩大规模，创立名牌；技术创新主要是加强科学技术研究，不断开发新产品，提高设备技术水平和职工队伍素质；市场创新主要是加强市场调查研究，提高产品的市场占有率，努力开拓新市场；组织创新主要是企业组织结构的调整要切合发展的需要；管理方法创新主要是企业生产经营过程中的具体管理技术和管理方法的创新。

八、可持续发展原理

可持续发展原理，是指企业在整个生命周期内，要随时注意调整自己的经营策略，以适应变化了的外界环境，从而使企业始终处于兴旺发达的发展阶段。现代企业家追求的目标，不是企业一时的短期兴盛，而是长盛不衰。这就需要按可持续发展原理，从历史和未来的高度，全盘考虑企业资源的合理安排，既要保证近期利益的获取，又要保证后续视野得到蓬勃的发展。

第三节　现代企业制度

党的十四届三中全会通过的《中共中央关于建立社会主义市场经济体制若干问题的决定》指出：以公有制为主体的现代企业制度是社会主义市场经济的基础，建立现代企业制度，是发展社会化大生产和市场经济的必然要求，是我国国有企业改革的方向。现代企业制度的提出，标志着我国国有企业改革由以放权让利为主要内容的改革，转变为以理顺产权关系为重要内容的制度的建立。因此，建立现代企业制度，在我国社会主义市场经济建立过程中，对转换经营机制有着重要的促进作用，特别是为国有大中型企业的改革指明了方向。

一、现代企业制度的概念与特征

（一）现代企业制度的概念

现代企业制度是指在市场经济条件下，以规范和完善的法人制度为主体，以有限责任制度为核心，以股份有限公司为重点的产权清晰、权责明确、政企分开、管理科学的现代公司制度。它是为适应我国企业制度创新的需要而提出来的特定概念，是企业制度的现代形式。

现代企业制度包括以下几层含义：·第一，现代企业制度是企业制度的现代形式。企业制度在不断发展变化，现代企业制度是从原始企业制度发展而来的，是市场经济及社会化大生产发展到一定阶段的产物。第二，现代企业制度是由若干具体制度相互联系而构成的系统，是一种制度体系，它是由现代企业法人制度、现代企业产权制度、现代企业组织领导制度、现代企业管理制度等有机结合的统一体。第二，现代企业法人制度是现代企业制度的基础，是企业产权的人格化。企业作为法人，有其独立的民事权利能力和民事行为能力，是独立享受民事权利和承担民事义务的主体。规范和完善的法人企业享有充分的经营自主权，并以其全部财产对其债务承担责任，而终极所有者对企业债务责任的承担仅以其出资额为限。因而，在此基础上产生了有限责任制度。我们强调建立现代企业制度，转换国有企业经营机制，实质内容之一就是在我国确立规范、完善的现代企业法人制度，使国有企业成为自主经营、自负盈亏、自我约束、自我发展的市场竞争主体，使作为终极所有者的国家承担有限责任。第四，现代企业产权制度是现代企业制度的核心。构成产权的要素有所有权、占有权、处置权和收益权等，现代企业制度是以终极所有权和法人财产权的分离为前提的。现代企业产权制度就是企业法人财产权制度。在此制度下，终极所有权的实现形式主要是参与企业的重大决策，获得收益；法人企业则享有其财产的占有权、处置权等。这也是建立现代企业制度去改造我国国有企业的核心所在。因为只有建立现代企业产权制度，才能使国家公共权力与法人企业民事权利分离开来，才能使国家所有权与法人企业财产分离开来，做到真正的政企分开。第五，现代企业制度以公司制为主要组织形式。当然，公司制是一种现代的企业组织形式，是现代企业制度的一项组成内容，而不是唯一的内容。我国建立现代企业制度主要是针对国有企业改革出现的问题而提出来的。对于国有企业改革而言，主要是应该建立现代公司制度。现代公司制度主要是指股份有限公司和有限责任公司，但不是说建立了公司制就是建成了现代企业制度，因为它还有其他丰富的内容，股份有限公司和有限责任公司只是现代企业制度公司制的典型代表，不能因此而否定其他有效的形式。

（二）现代企业制度的特征

现代企业制度的基本特征概括起来就是产权明晰、权责明确、政企分开、管理科学。

1. 产权明晰

产权明晰是指产权概念清晰，产权边界清晰。首先，要明确企业资产出资者的权利和责任，明确企业与其所有者之间的基本财产关系，理顺企业的产权关系。企业中的国有资产属全民所有，也即国家所有，由代表国有资产所有者的政府所授权的有关机构作为投资主体，对经营性国有资产进行配置和运用，作为企业中国有资产的出资人，依法享有出资者权益，并以出资额为限对企业承担有限责任。其次，要建立所有权与经营权科学分离的体制，建立经营权对所有权负责的体制，建立所有权对经营权监督、约束的体制。

2. 权责明确

权责明确是指出资者与企业法人之间的权益、责任关系明确，并用法律和经营制度来保障。一方面，要求企业法人依法自主经营、自负盈亏，以独立的法人财产对其经营活动负责，以其全部资产对企业的债务承担责任。同时，企业法人行使法人财产权，要受到出资者所有权的约束和限制，必须依法维护出资者的权益，对所有者承担资产保值增值的责任。另一方面，应保证出资者按照投入企业的资本额享有所有者的权益，即出资者的所有权表现为以所有者的身份享有资产收益权。同时，还应明确企业内部所有者、经营者以及生产者的义务和责任，使这些利益主体之间关系分明，利益分配合理，既相互制衡，又协同一致。

3. 政企分开

政企分开是指政府、企业职责分开，职能到位。政府、企业职责分开是指政府的社会经济管理职能应与其国有资产所有者的职能分开，将国有资产的管理职能和运营职能分开，建立国有资产的运营与管理体系。企业作为市场活动的主体，要按照价值规律、市场经济规律的要求，自主组织生产和经营。职能到位则是指要改变政府办企业、企业办社会的管理方式，把企业目前承担的社会职能分离出来，改由政府和社会组织来承担；政府对国家经济具有宏观管理职能，但不能对企业生产经营活动进行直接干预，而只能通过经济手段、法律手段，发挥中介组织的作用，对企业的生产经营活动进行调节、引导、服务和监督；政府与企业之间不存在上下级关系，企业不存在行政级别，企业管理人员也不享受公务员待遇。

4. 管理科学

管理科学是指在科学的管理思想和管理理念指导下，建立科学、完善的组织机构，并通过规范组织制度，使企业权力机构、决策机构、执行机构和监督机构之间职责明确，并形成相互制约的关系。从社会化大生产的要求来看，社会内部应具有科学的职能管理和岗位管理制度。职能管理的内容很多，涉及生产力方面的主要有计划管理、生产管理、质量管理、设备管理、物流管理等；涉及生产关系方面的主要有劳动人事制度、现代企业财会制度、企业领导制度等。岗位管理制度是为保证各个工作岗位有条不紊地进行工作，有利于提高劳动生产率的各种规章制度。科学的企业内部管理制度能使出资者、经营者和生产者的积极性都得以调动，行为都受到约束，利益都得到保障，做到出资者放心、经营者精心、生产者用心，使企业协调和谐地不断向前发展。

二、现代企业的公司治理结构

（一）公司治理结构的内涵

现代企业所有权与经营权分离的特点，要求在所有者与经营者之间形成一套相互制衡的机制，依靠这套机制对企业进行管理和控制。这套机制被称为公司治理结构，又被称为法人治理结构，也就是企业领导制度。它是指企业工作机构的设置和企业最高权力的划分、归属、制衡和运行制度，也就是说，企业有哪些最高权力，每一种权力由谁掌管，向谁负责，如何行使以及各种权力之间的相互关系。

具体来说，公司治理结构是有关所有者、董事会和高级经理人员（执行者）以及其他利益相关者之间权力分配和制衡关系的一种制度安排，表现为明确界定股东大会、董事会、监事会和经理人员职责与功能的一种企业组织结构。公司治理结构其实是企业所有权安排的具体化，是有关公司控制权和剩余索取权分配的一整套法律、制度性安排，这些安排决定了公司的目标、行为，决定了公司的利益相关者在什么状态下由谁来实施控制、如何控制、风险和收益如何分配等有关公司生存和发展的一系列重大问题。所以说，公司治理结构是现代公司运行和管理的基础，在很大程度上决定了企业的效率。良好的公司治理结构可以激励董事会和经理层通过更有效地利用资源去实现那些符合公司和股东利益的奋斗目标。

公司治理结构的要求标准是：首先要给经营者足够的控制权，使其自由经营管理公司，发挥其职业企业家的才能；其次要完善激励与约束机制，保证经营者能从股东利益出发，而不是从个人利益出发来行使权力；再次要保证股东自由买卖股票，使股东充分独立于职业企业家，给投资者以流动性的权力，充分发挥开放公司的关键性优势。当然，这些标准在实际执行中很难完全实现，因为它们常常是相互冲突和矛盾的。而公司治理结构就是要在各利益相关者的权益和利益的矛盾中寻求动态平衡。

（二）公司治理结构的内容

1. 公司治理结构的组织形式

公司治理结构坚持决策权、执行权、监督权三权分立的原则，由此形成了股东大会、董事会、监事会和经理层的"二会一层"的组织结构。

2. 各机构的职责及相互关系

（1）股东大会。股东大会是公司的最高权力机构。国家授权投资的机构和国家授权的部门以及其他出资者，选派代表参加股东大会并依法行使权力。股东大会的职权包括以下几方面：①人事权。股东大会选举和更换公司的董事与监事，并且决定他们的报酬。②重大事项决策权。如批准和修改公司章程，批准公司的财务预算、决策方案，决定公司的投资计划等。③收益分配权。股东大会批准公司的利润分配方案和亏损弥补方案。④股东财产处置权。如公司增加或减少注册资本，公司的合并、分立、解散或破产清算等涉及股东财产的重大变动，需由股东大会作出决议。股东大会从资产关系上对公司的董事会形成必要的制约。

（2）董事会。董事会是公司的经营决策机构。董事会对外代表公司，由公司董事组成。按照《中华人民共和国公司法》规定，有限责任公司的董事会由3~13人组成，其中，国有独资公司的董事会由3~9人组成。股份有限公司的董事会由5~19人组成。董事人选通常由股东推荐，经股东大会选举产生。《中华人民共和国公司法》还特别规定，国有独资公司、两个以上的国有企业或者其他两个以上投资主体设立的有限责任公司，其董事会的成员中应当有公司职工代表，职工代表由公司职工民主选举产生。董事会设董事长1人，副董事长若干人口不同类型的公司，董事长、副董事长的产生办法由公司章程决定；股份有限公司的董事长、副董事长由全体董事的过半数选举产生。董事会对股东大会负责，执行股东大会的决议。董事会的主要职权包括以下几方面：①对公司的经营作出决策，如经营计划、投资方案等。②决定公司内部管理机构的设置和基本管理制度。③制订公司财务预算、决策方案，利润分配和亏损弥补方案，公司增减资本和发行公司债券方案等。④人事权。负责任免公司总经理、副总经理、财务负责人，并决定其报酬。董事会实行集体决策，一般采取每人一票和简单多数通过的原则。每个出席董事会的成员应当在会议记录上签名并对董事会的决议承担责任。董事会决议违反法律法规或公司章程，致使公司遭受严重损失的，参与决策的董事对公司负赔偿责任。但在表决时曾表明异议并记录在案的，可免除责任。

（3）总经理。总经理依照公司章程和董事会授权，统一负责公司的日常生产经营和管理工作。总经理由董事会聘任或解聘，对董事会负责。总经理的职责有以下几方面：①组织实施董事会决议。②组织实施公司年度经营计划和投资方案。③人事权。总经理提请董事会聘任或解聘公司副总经理和财务负责人，直接聘任或解聘其他管理人员。公司总经理可以从外部聘任，也可经公司董事会决定由董事成员兼任。

（4）监事会。监事会是公司的监督机构，成员一般不少于3人。监事会成员可由股东代表和一定比例的职工代表组成，职工代表由工会或职工民主选举产生。监事会的主要职责有以下两方面：①对公司董事、经理执行公司职务时违反法律法规或公司章程的行为进行监督，防止他们滥用职权。发现其行为有损公司利益时，有权要求予以纠正，必要时可向股东大会报告，提议召开临时股东大会，采取解决办法。②检查公司的财务。为保证监督的独立性，公司的董事、经理及财务负责人一律不得兼任监事。

综上所述，公司治理结构的各部分间的相互关系是很密切的，它作为联结并规范所有者（股东）、支配者（董事）、监督者（监事）、经营管理者（经理）等相互权力和利益关系的制度安排，是为了处理好股东大会、董事会、监事会和经理层之间的关系，在股东大会、董事会、监事会和经理层之间建立相互制衡的有效运行机制。股东大会对董事会是一种委托代理关系，董事会对总经理是一种授权经营关系，而监事会有各自不同的职权。有效的治理结构可以保证企业权能在四者之间合理分配，形成权责分明、相互制衡、运行合理、管理科学的公司治理结构。

（三）公司治理结构的原则

在世界经济全球化迅速发展的今天，国际企业的联合、重组、投资的范围和规模越来越大。为此，由西方发达国家组成的经济合作与发展组织（OECD）通过了OECD公司治理原则。

（1）治理结构框架应保护股东权利。

（2）治理结构框架应确保所有股东，包括小股东和非国有股东受到平等对待。如果其权利受到损害，应有机会得到有效补偿。

（3）治理结构框架应确认利益相关者的合法权利，并且鼓励公司和利害相关者在创造效益和工作机会以及为保持企业良好财务状况方面积极地进行合作。

（4）治理结构框架应保证及时准确地披露与公司有关的任何重大问题，包括财务状况、所有权状况和公司治理状况的信息。

（5）治理结构框架应确保董事会对公司的战略性指导和对管理人员的有效监督，并确保董事会对公司的股东负责。这些基本原则总结了状况良好的公司治理所必备的共同要素。

三、积极建立和不断完善

现代企业制度建立产权清晰、权责明确、政企分开、管理科学的现代企业制度是党的十四届三中全会提出来的目标。经过多年积极探索和实践，目前在国有大中型企业建立现代企业制度方面已取得了重大进展，但还要不断完善、深化改革力度，不断更新观念、解放思想、勇于创造，使现代企业制度更加完善。

（一）更新旧观念，树立新观念

建立和完善现代企业制度是我国企业改革的方向。因此，在思想上要更新旧观念，树立新观念，勇于创新。

（1）用生产力标准作为衡量各项改革措施的标准。现代企业制度的建立，使我国国有企业从原来的体制中解脱出来，转变成适应市场经济需要，能够在市场竞争中求生存、求发展的独立市场主体。在这个转变过程中，要求人们不能简单地或单一地用生产关系作为判断标准，而要大胆探索，突破影响生产力发展的体制性障碍，建立和完善现代企业制度。

（2）树立"吸收世界文明，共享人类精神财富"的观念。现代企业制度是市场经济和社会化大生产发展的结果，是人们在经济实践活动中总结出来的成果，具有科学性。在我们建立和完善社会主义市场经济体制、发展市场经济的过程中，可以借鉴、吸收，为我所用。

（二）总结经验，进一步深化国有企业改革

（1）按照有关规定，要建立健全责权统一、运转协调、有效制衡的公司法人治理结构，需要对大中型国有企业进行规范的公司制改革，对少数国家垄断经营的企业可改制为国有独资公司，而对其他大中型国有企业可通过规范上市、中外合资、相互参股等形式，逐步改制为多元持股的有限责任公司或股份有限公司。

（2）建立分工明确的国有资产管理、经营和监督体制，使国有资产出资人尽快到位，授权有条件的国有企业或国有资产经营公司行使出资人职能，强化对国有资产经营主体的外部监督。

（3）深化企业内部改革，强化科学管理，建立健全行之有效的激励机制和约束机制。

（三）建立和完善现代企业制度必须积极推进配套改革

这包括进行宏观经济管理、市场体系、社会保障体系等方面的综合性的配套改革。

（1）政企职责分开。促进政府职能转变，是建立现代企业制度的关键。政府要从直接干预企业经营活动，转向运用经济手段、法律手段和必要的行政手段管理国民经济，制定经济和社会发展目标，引导企业实施产业政策。

（2）大力培育市场，建立完备的市场体系。它包括理顺价格关系，以法律法规的形式规范各类市场的经营交易规则和程序，建立相应的市场管理、协调及监督组织，建立与完善产权交易市场、生产资料市场和劳动力市场。

（3）建立与完善社会保障体系，为企业深化改革和劳动力自主流动创造条件。比较完善的社会保障制度是实行现代企业制度的基础，因为只有建立统一的社会保障制度，才能突破各类不同产业、不同企业及不同身份职工之间的界限，保证企业或职工在同等外部条件下公平竞争。

第四节　企业组织类型

一、按照企业组织形式分类

（一）单一企业

单一企业是指一厂一店就是一个企业。这类企业的经营领域往往比较单一和专业化独立核算，自负盈亏。

（二）多元企业

多元企业是指由两个以上不具备法人资格的工厂或商店组成的企业，它是按照专业化、联合化以及经济合理的原则，由若干分散的工厂或商店组成的法人组织。如由两个以上分公司组建的公司，由一些分店组成的连锁企业等：

（三）经济联合体

经济联合体是指由两个以上的企业在自愿互利的基础上，打破所有制、行业、部门和地区界限，本着专业化协作和合理分工的原则，进行部分或全部统一经营管理所形成的经济实体。它是一个具有法人资格的经济组织,主要形式有专业公司、联合公司、总公司和各类合资经营企业等。

(四)企业集团

企业集团是企业联合组织中最成熟、最紧密和最稳定的企业运行模式,是由两个或两个以上的企业以资产为纽带而形成的有层次的企业联合组织,其中的成员企业都是相对独立的企业法人。其特点是规模大型化,经营多元化,资产纽带化。企业集团一般分为四个层次:第一层为核心层,通常由一个或几个大企业构成,如集团公司、商业银行、综合商社等,它们对集团中其他成员企业有控股或参股行为;第二层为紧密层,一般由核心层的控股子公司构成;第三层为半紧密层,由紧密层的子公司或核心层的参股公司构成;第四层为松散层,主要是由与前三个层次的企业有协作或经营关系的企业构成,彼此无资产纽带关系,但可以有资金融通关系。

二、按照企业规模分类

就经济学原理而言,企业规模的大小取决于"内部经济原理"与"内部不经济原理"两者的权衡。所谓"内部经济"是指产业的生产规模扩大,则在某一限度内,其单位成本降低,效率增加,收益提高。所谓"内部不经济"是指生产规模扩大到某一限度之后,若再扩大生产规模,则单位成本提高,效率降低。因此企业规模与效率大小的关系可以表述为:企业规模的大小在不超过合理限度时,则效率随其规模的扩大而增加。企业规模的大小,一般是按照企业的年销售额、投资额的大小、生产能力、资产总额、员工人数等指标来进行分类的,一般可以分为大型企业、中型企业和小型企业三类。

第三章　新形势下企业经济管理的内容

第一节　企业战略管理

企业战略管理无论在企业管理理论还是管理实践中，战略管理理论皆占据着十分重要的地位。

一、企业战略管理概述

（一）企业战略

什么是企业战略？由于战略是多变量的又是权变的，目前在各种文献中对企业战略并没有一个统一的定义。有的认为企业战略应包括企业的目的与目标（即广义的企业战略），战略就是目标、意图和目的，以及为达到这些目的而制定的主要方针和计划的一种模式；有的则以为企业不应该包括这一内容（即狭义的企业战略），企业战略就是决定企业将从事什么事业，以及是否从事这一事业。尽管存在着不同认识，随着经济全球化一体化，目前确定竞争范围已经成为企业战略研究的首要议题。大多数学者认为，企业战略的四个构成要素是：

（1）经营范围，指企业从事生产经营活动的领域，它反映出企业目前与其外部环境相互作用的程度，也可以反映出企业计划与外部环境发生作用的要求。

（2）资源配置，指企业过去和目前资源和技能配置的水平和模式，资源配置的好坏会极大地影响企业实现自己目标的程度，是企业现实生产经营活动的支持点。

（3）竞争优势，指企业通过其资源配置的模式与经营范围的决策，在市场上所形成的与其竞争对手不同的竞争地位。

（4）协同作用，指企业从资源配置和经营范围的决策中所能获得的各种共同努力的效果，就是说分力之和大于各分力简单相加的结果。

综合上述观点，企业战略实质上是一个企业在清醒地认识和把握企业外部环境和内部资源的基础上，为求得企业生存和长期发展而作出的一系列根本的、全局性的、长远性的、指导性的谋划。一个完整的企业战略可以分为三个层次：企业总体战略、经营单位战略和职能战略。

（1）企业总体战略。决定和揭示企业的愿景、使命和目标，确定企业重大方针与计划、企业经营业务类型和企业组织类型、企业应对用户、职工和社会的贡献。企业总体战略还应包括发展战略、稳定战略和紧缩战略。

（2）经营单位战略。在总体战略的指导下，主要解决企业如何选择经营行业和如何选择在一个行业中的竞争地位问题。这一战略主要涉及企业在某一经营领域中如何竞争、在竞争中扮演什么样的角色、各经营单位如何有效地利用分配给的资源等问题。

（3）职能战略。为实现总体战略和经营单位战略，对企业内部的各项关键的职能活动作出的具体化统筹安排。职能战略包括财务战略、营销战略、人力资源战略、组织结构战略、研究开发战略、生产战略等。

在此基础上可以进一步定义，广义的企业战略管理就是运用战略对整个企业进行管理；而狭义的企业战略管理是指对企业战略的制定、实施、控制和修正进行的一个动态管程。目前，战略管理的主流学者大多持狭义定义，故本章节也采用狭义战略管理的主张。

（二）企业战略管理的作用

在管理实践中，重视战略管理的企业与不重视战略管理的企业实践证明，正是由于企业战略管理的这些作用使得许多重视战略管理的企业在激烈的市场竞争中脱颖而出。这些企业有的在专业领域内长期独领风骚，有的企业则在经过长期的、痛苦的市场考验等后获得了市场认可和丰厚回报，国内外许多企业的成功证明了这一点，比如Intel 的技术创新战略、格力空调的专业化经营战略、格兰仕的规模化低成本战略、哈药集团的品牌战略、海尔先人一步的国际化战略等。

在企业战略管理方式中，指导企业全部活动的是企业战略，全部管理活动的重点是制定和实施战略。战略管理最根本的利益是帮助企业通过采用更系统的、逻辑的和数理的方法选择战略而制定出自己企业的更佳战略。

　　研究证明，一个企业使用了战略管理的方法比没有使用战略管理方法的企业获得的利益更多（包括经济利益和非经济利益）、更容易取得成功。例如根据对美国 101 个零售、服务和机械行业制造企业在连续 3 年期间跟踪研究得出结论，由于业务管理上使用了战略管理，在产品的销售、利润和生产效益方面比没有系统规划活动的企业有重大的改善。而低效运作的企业由于未能有效地采用战略管理的手段，没有准确分析企业的内、外部优劣势，对外界变化没有予以足够重视（例如科技方法的改变，国外竞争对手的出现），导致企业运作薄弱，难以控制各种事件。这些事实和研究成果不仅表明了企业战略的指导作用，也证实了企业战略管理增强了企业经营活动对外部环境的适应性、有利于充分利用企业的各种资源，同时也调动了企业各级管理人员的积极性。美国管理学者戈多·格林利教授在《战略规划改善公司的运作》一书中指出战略管理呈现下列四方面的利益。

　　（1）战略管理考虑了机会的鉴定，提供了一个管理问题的目标观点，并构筑一个框架以改善活动的协调和控制。

　　（2）战略管理使相反的条件和变化所产生的影响达到最小，主要决策更好地支持已建立的目标，促进机会选择以更有效地分配资源和时间，并使用较少的资源和很少的时间专门用于纠正错误，或作出特别的决定。

　　（3）战略管理创造一个在成员之间协调交流的框架，肯定每个人做出的努力，明确每一个企业成员的责任，鼓励管理决策人员超前思考。

　　（4）战略管理以积极态度对待难题和机会，鼓励人们面对变化采取积极行动并有序地管理业务。

　　战略管理决定了企业的发展，但战略管理要发挥其作用是基于企业的各级领导者（尤其是高级管理人员）具备一定的战略素质，包括道德与社会责任感、随机应变的能力、开拓进取的品格、丰富的想象力和具有某种程度上偏激的形态。

（三）企业愿景与战略目标

　　成功的企业依靠绝妙复杂的战略规划就能实现其最佳的商业行为，这只是一个神话。有效的战略管理工作开始于对企业应该做什么和不应该做什么在脑海中形成的基本观念以及企业应该去向何方的愿景。

　　所谓愿景即是由组织内部的成员所制订，通过团队讨论并获得组织一致的共识而形成的愿意共同全力以赴的未来方向。企业愿景大都具有前瞻性的计划或开创性的目标，是企业发展的指引方针。马克·利普顿在《愿景引领成长》一书中认为一个企业的愿景必须回答三个主题：企业存在的理由、如何达成企业存在的理由和企业的价值观。愿景形成后，企业高层应对内部成员做简明扼要的陈述以激发内部士气，并应落实为组织目标和行动方案进行具体推动实施。通过愿景，企业能有效地培育与鼓舞组织内部的所有人，激发个人潜能，激励员工竭尽所能，增加组织生产力，达到顾客满意度的目标。在愿景的指引下，企业最高管理层、企业文化、企业组织结构和员工管理过程共同赋予了愿景真正的生命力，确保了战略方向的连贯性。

1. 企业愿景

愿景说明了一个企业将来的发展目标，对企业实现长期成长与定位意义深远。愿景不会年年改变，相反它是一个历久弥坚的承诺。愿景是一张令人激动的图画，它描绘了企业渴望成为的形象，以及企业使之成为现实的方法。制定企业愿景时，企业主要依据顾客的需求分析、新的技术发展态势、进入有吸引力的外国市场的机会、业务成长或衰退等重要信号。

愿景驱动思想强调了企业的愿景在企业战略中的重要作用。在 20 世纪 50 年代管理大师彼得·德鲁克推行的目标管理中，愿景就已经得到了充分的重视。1994 年吉姆·柯林斯在《基业长青》一书中，在财富杂志 500 强工业企业和服务类公司两种排行榜中挑选了 18 家企业公司进行了追根究底式的研究，得出的结论是：那些能够长期维持竞争优势的企业，都有一个基本的经营理念——愿景，这些基本理念为企业战略确定某些重要的开端和主要的方向，集中企业决策中的某些关键的意图和思路，愿景在数代首席执行官手中得以延续，从而引导企业战略沿着一条正确的"路线"不断前进。愿景驱动的基本原理是通过高远的目标来极大地激励企业的追求拉动力，使各级管理者沿着充满野心的、似乎是胆大妄为的理想不断前进。

一个完整的企业的目标体系不仅有愿景还包括使命和目标。愿景比较宽泛而使命比较具体，而战略目标将企业使命具体化为可操作的指标。在战略管理论中与"愿景"一词紧密相连的就是企业使命（mission）。使命是一个组织存在的理由，是对组织长期目标和发展宗旨的陈述，是企业在社会进步和社会经济发展中所应当承担的角色。使命不仅包括企业的目标，也包括企业竞争的基础和竞争的优势，为企业目标的确立与战略的制定提供依据。企业使命要表明企业的追求，将本企业与其他企业相区别。文字叙述要足够清楚以便在组织内被广泛理解，内容窄到要足以排除某些风险、宽到足以使企业有创造性的增长。评价企业使命主要从用户、产品或服务、市场、技术、企业对生存或增长和盈利的关心、哲学、自我认知、企业对公众形象的关心、企业对雇员的关心九个方面着手。

2. 战略目标

战略目标是企业为完成使命，在一定时期内需要达到的特定业绩目标。战略目标必须以定量的术语进行陈述，并且有实现的期限。企业的目标体系使企业的管理者作出承诺：在具体的时间框架下，达到具体的业绩目标。由于战略目标是企业愿景和使命的具体化，一方面企业的战略目标是多元化的，既包括经济目标，又包括非经济目标；既包括定性目标，又包括定量目标。尽管如此，各个企业需要制定目标的领域却是相同的，彼得？德鲁克在《管理实践》一书中提出了八个关键领域的目标。

（1）市场方面的目标：表明本企业希望达到的市场占有率或在竞争中达到的地位。

（2）技术改进和发展方面的目标：对改进和发展新产品、提供新型服务内容的认知及措施。

（3）提高生产力方面的目标：有效的衡量原材料的利用，最大限度地提高产品的数量和质量。

（4）物资和金融资源方面的目标：获得物质和金融资源的渠道及其有效利用。

（5）利润方面的目标：用一个或几个经济目标表明希望达到的利润率。

（6）人力资源方面的目标：人力资源的获得、培训和发展，管理人员的培养及其才能的发挥。

（7）职工积极性发挥方面的目标：对职工激励、报酬等措施。

（8）社会责任方面的目标：注意企业对社会产生的影响。

由于企业战略执行时间一般都较长，不仅要制定企业的长期战略目标，还要制定相应的短期执行性目标。不仅企业高层制定企业总体战略，各经营单位或职能部门还须确立相应的经营单位战略和职能战略，于是战略目标制定过程通过企业组织结构层次一直向下继续分解落实下去直到个人。为了监测目标体系运作过程并使其愿景能够实现，在每阶段末建立一套阶段指标对目标进行考核和控制。短期目标是长期目标的执行性目标，一般期限在一年以内。

（四）企业文化与企业战略

现代企业之间最高层次的竞争即文化的竞争，企业文化影响着企业运作的一切方面。企业文化实质就是企业适应不断变化的环境的能力和让这种能力延续发展的能力，是一种适合于高度信息化与个性化环境下的人性化管理方式，是企业经营理论的人性的反映。设计和培育积极、有效的企业文化必须以企业战略作为指导依据。企业文化可能会给某种战略的实施带来一定的成本，但并不能认为企业文化决定了企业战略。

企业文化影响了企业对环境因素和自身资源能力的评价，不同的企业文化可能导致不同的关于机会、威胁、优势、劣势的认识。当环境变动需要企业作出的战略反应符合企业现有文化时，企业能接收这些环境变动信息；否则，这种变动信息很可能被暂时忽视。

企业文化影响了企业对战略方案的选择。在内外环境条件大致相同的情况下，不同的企业文化可能导致不同的战略决策。如果一个企业的文化是以稳定性为其主的话，那么增长型战略的实施就要克服相应的文化阻力。

企业文化影响了企业战略的实施。战略与企业文化相匹配，企业文化有力地促进战略的实施，又通过战略实施得到强化和发展；战略与企业文化相悖，则面临战略实施失败的风险。冲突越大，风险越大；风险过大，逼迫企业在修改战略和改变文化两者中进行抉择。企业战略与企业文化的方向应该是一致的，当企业战略作调整的时候，企业文化也要跟着调整。在企业战略转变的重大关头，企业往往采取重大的人事变动推动战略的实施，进行企业文化的变革。

二、企业战略分析

企业战略分析，就是要从战略的高度对企业外部环境和企业自身条件的现状及其发展趋势所作的分析。由于企业对环境的依存关系，将企业宏观环境、行业环境及企业内部条件结合起来进行战略分析，就成为企业战略管理工作的基本出发点。

（一）企业外部环境分析

1. 企业外部环境分析的必要性

企业外部环境是企业生存和发展的重要条件，它包括政治与法律环境、经济环境、社会与自然环境、科技环境和行业环境。对企业外部环境进行分析，就是对外部环境进行调查和分析，预测其发展趋势，掌握其变化规律。对企业外部环境进行分析的必要性在于：

（1）保证战略决策的科学性和正确性。企业进行战略决策，必须认真研究客观实际情况掌握大量的资料、数据，了解国内外政治、经济和科学技术发展动向，了解党和国家方针、政策、法律、规范，调查国内外市场的需求量和供应量及其发展趋势。只有掌握这些情况企业才可能使战略决策符合当前实际和客观发展趋势，保证战略决策的科学性与正确性。

（2）保证战略决策的及时性和灵活性。企业外部环境千变万化，有时会有利于企业发展的机会出现，有时会有不利于企业生存的风险出现。如果企业重视外部环境的分析，一旦出现有利于企业的机会时企业就能够及时把握住这种信息，敏感性地作出相应的决策，促进企业的发展；当出现不利于企业的因素时企业就能及时研究对策避开风险。保证战略决策的及时性和灵活性，能大大加强企业的适应能力。

（3）提高战略决策的稳定性和效益性。随着企业战略方案的实施，企业的外部环境在不断发生变化，特别是市场上出现种种新的需求时企业的战略就需要作出适当的调整，而战略决策又要求保持稳定、以最小的代价取得较好的经济效益，这就要求企业加强环境的调查、分析和预测提高战略决策工作的预见性，尽可能预见到未来一定时期的发展趋势，减少企业战略调整带来的损失，保证企业在较长时期内健康稳定地发展。

2. 企业宏观环境分析

企业宏观环境，是指那些能给企业造成市场机会或环境威胁的主要社会力量，它们将直接或间接地影响企业的战略管理。一般来说，宏观环境因素可以概括为以下四类：

政治与法律环境。政治与法律环境（Political），是指那些制约和影响企业的政治要素、法律系统及其运行状态，如国家的政治制度、权力机构，国家制定的法律、法规等。政治与法律环境的变化能显著地影响企业的经营行为和利益。

经济环境。经济环境（Economic）是指构成企业生存和发展的社会经济状况及国家的经济政策，包括社会经济结构、经济体制、宏观经济政策等要素。衡量这些因素的经济指标有平均实际收入、平均消费水平、消费支出分配规模、实际国民生产总值、利率和通货供应量、政府支出总额等。与其他环境力量相比，经济环境对企业的经营活动有更广泛而直接的影响。宏观经济的状况和趋势常常是企业确定经营战略的重要依据。

社会和自然环境。社会环境（Social）是指企业所处的社会结构、社会风俗和习惯、信仰和价值观念、行为规范、生活方式、文化传统、人口规模与地理分布等因素的形成和变动。社会环境对企业有重要影响，如人口规模制约着个人或家庭消费产品的市场规模，人口的地理分布决定消费者的地区分布。自然环境是指企业所处的自然资源与生态环境，包括土地、河流、能源、环境保护和生态平衡等方面的发展变化，自然环境特别是环境保护的要求对企业的生产经营有着极为重要的影响。

科技环境。科技环境（Technological）是指企业所处的环境中的科技要素及与该要素直接相关的各种社会现象的集合，包括国家科技体制、科技政策、科技水平和科技发展趋势等。随着国家科学技术的发展，新技术、新能源、新材料和新工艺等的出现与运用，企业就需要作出相应的战略决策以获得新的竞争优势。

3. 行业环境分析

行业环境是企业生存发展的直接空间，也是对企业生产经营活动最直接发生影响的外部环境。由于宏观环境变化对企业的影响可能要通过较长时间才能显现出来，因而对宏观环境做广泛而深入的分析可能是不经济的，且易造成信息超载。战略制定时更有效的方法是集中精力分析与战略形成直接相关的因素——行业结构。

分析行业结构对企业决定竞争原则和可能采取的战略等方面具有基础作用。根据美国著名的战略管理学者迈克尔？波特的观点，潜在的进入者、替代品、购买者、供应者以及行业中现有竞争者这五种基本竞争力量的状况及其综合强度决定着行业内部竞争的激烈程度，由于它们也影响行业内的价格、成本和企业所需要的投资，因而也决定了该行业的盈利能力。

（1）潜在的进入者。

潜在的进入者会带来新的生产能力，带来新的物质资源会冲击现有的市场格局从而对已有的市场份额提出重新分配的要求。这种情况可能造成行业内产品价格暴跌或企业内在成本增加，使得行业的获利能力降低。潜在的进入者是否能够进入某行业并对该行业构成威胁取决于该行业所存在的进入障碍。如果进入障碍高，外部进入的威胁便小。

可以构成行业的进入障碍的主要因素有：

1）规模经济。规模经济是指在一定时期内，企业所生产的产品或劳务的绝对量增加时，其单位成本趋于下降。规模经济通过迫使进入者采取大规模的进入方式进入该行业并甘冒行业中现有厂商会作出强烈反应的风险，或者以小规模进入方式进入该行业，并忍受产品成本过高的劣势。

2）产品差别化。这是指由于顾客或用户对企业产品的质量或商标信誉的忠实程度不同而形成的产品之间的差异。产品差异化迫使进入者耗费巨资去征服现有客户的忠实性，由此形成进入障碍。

3）资金的需求。在进入新的行业时企业如果需要大量的投资则会谨慎考虑是否进入或如何进入。

4）转换成本。这里是指企业从一个行业转向另一行业从事生产经营活动时，或从一种产品转向另一种产品时所要支付的成本，如雇员再培训成本、购置新辅助设备的成本等。购买者的转换成本越高，新进入者进入现有行业的障碍也就越高。

5）分销渠道。企业在进入一个新的行业时，如果没有自己的产品分销渠道也会面临着进入障碍。新进入者必须通过让利、合作、广告津贴等方式让原有的分销渠道接受其产品，而这必将减少新进入企业的利润。

6）绝对成本优势。由于现有企业已拥有专有的产品工艺取得原材料的有利途径，已形成经验曲线等成本优势，新进入者不论规模经济大小都无法达到类似于原有企业拥有的那种成本优势。

7）政府的法律和政策限制。政府的有关法律和政策限制是一种最直接的进入障碍，如现有政策限制私有企业进入银行和保险行业。

（2）替代品。

替代品是指那些与本企业产品具有相同功能或类似功能的产品。在质量相似的情况下，替代品的价格会比被替代品的价格更具有竞争力。替代产品投入市场后，会使市场竞争加剧，会降低企业原有产品的价格，使企业收益下滑对企业构成较大的威胁。为了抵制替代品对行业的威胁，行业中各企业往往采取集体行动，改进产品质量，进行持续的广告宣传、市场营销等活动。但有些替代品是符合社会发展和科学技术进步的产物，如晶体管取代真空管，这时企业在研究与替代品的竞争关系时，一定要考虑产品的寿命周期阶段与科学技术的发展方向，及时淘汰处于衰退期的产品。

（3）行业内现有竞争者之间的抗衡。

行业内的抗衡是指行业内各企业之间的竞争关系与程度。常见的抗衡手段主要有价格战、广告战、服务战等。不同行业现有企业间的抗衡激烈程度是不同的，有的比较缓和有的比较激烈。行业内竞争程度是由一些结构性因素制约的，它们有：行业内竞争对手的数量及竞争者之间的实力对比、行业发展快慢程度、产品差异化程度、固定成本和储存成本的高低、竞争对手间竞争战略的差异程度以及退出障碍的高低，等等。

退出障碍是指那些迫使投资收益低、甚至是亏损的企业仍留在行业中从事生产经营活动的各种因素，如固定资产高度专业化、退出成本过高、企业内经营单位间密切的协同关系、政府和社会的限制等。当退出障碍高时，过剩的生产能力不能脱离该行业，而那些竞争失败的公司又没有退出，甚至求助于极端的战术结果，整个行业的获利能力维持在较低的水平。每个行业进入障碍和退出障碍的高低是不同的，会形成不同的组合。

退出障碍与进入障碍之间有密切的经济联系。从行业利润的观点出发，最佳情况是进入障碍高而退出障碍低。这时，进入行业将被阻止，而失败的竞争对手将退出该行业，企业将获得稳定的收入，最不利的情况是进入障碍低而退出障碍高。这时，新加入者容易进入行业可能因为经济条件好转时会吸引更多的竞争对手进入该行业，但当恶化时企业不能撤出该行业，造成生产能力过剩，使企业面临较大的风险但经济效益较低。

（4）购买者的讨价还价能力。

购买者经常采取各种手段压低价格，要求较高的产品质量或更多的服务，甚至迫使作为供应者的企业互相竞争等。这些方式都会降低企业的获利能力。每个行业的购买者集团的这种讨价还价能力取决于该集团所处市场的特性，也取决于该集团在该行业的购买活动与其整个业务相比较的重要程度。当具备以下条件时，购买者集团就会有较高的竞争能力：

1）相对于卖方的销售来说购买者的购买力集中或进货批量大，会增加购买者的重要性。

2）购买者盈利水平低，或购买者从行业中购买的产品占购买者的全部费用或全部购买量的相当大的比例，使购买者通常对价格很敏感。

3）购买者从行业中购买的产品是标准的或是无差异的，将从供应方之间互相竞争中获利。

4）购买者转换成本不高，不必固定地从特定企业购买产品。

5）购买者采用向后一体化会威胁作为供应者的企业。

6）行业的产品对购买者产品或服务质量没有重大影响。

7）购买者掌握了充分的信息。

企业应将对购买者集团的选择看作是一项具有决定性的战略决策。要改善自己的战略态势，企业必须寻找那些对该企业影响力最小的购买者。

（5）供应者的讨价还价能力。

供应者可以通过提高产品的价格或降低出售货物质量的手段发挥他们讨价还价的能力。一般来说，如果下列情况适用那么供应者集团便是强有力的：

1）少数几家公司控制供应者集团。

2）替代品不能与供应者所销售的产品相竞争。

3）作为购买者的企业不是供应者的重要顾客。

4）供应者的产品是购买者从事生产经营业务的一项重要投入。

5）供应者集团的产品存在着差别化。

6）供应者集团实行向前一体化。

企业应该审时度势，建立良好的供应体系，通过战略来改善自己的处境。

企业可以采取尽可能地将自身的经营与竞争力量隔绝开来，努力从自身利益需要出发影响行业竞争规则，先占领有利的市场地位再发起进攻性竞争行动等手段来对付这五种竞争力量，以增强自己的市场地位与竞争能力。

（二）企业内部条件分析

1. 企业内部条件分析的目的

企业究竟采取怎样的战略，不仅取决于外部政治法律环境、经济环境、社会与自然环境、科技环境和行业环境，而且还与企业内部条件紧密相关。它不仅同时强调外部环境和内部条件对战争胜负的作用，而且将后者放在优先的位置上，以达到"以己之长，攻彼之短"的目的。

企业内部条件分析，主要是指企业所拥有的资源及其竞争力情况，它是企业开展生产经营活动的重要基础，是企业进行战略规划的重要依据。进行企业内部条件分析的主要目的在于：

（1）弄清企业自身的优势与劣势。通过内部条件分析可以弄清企业的优势和长处，了解企业的劣势和缺陷，通过与顾客的要求和对手的实力对比可以了解差距，为制定企业的战略打下基础。

（2）查清造成劣势的原因找出内部的潜力。企业存在劣势的原因是多方面的，有些是客观条件的变化造成的，有些是由主观原因造成的，要从中找出主要原因、研究对策蛾通过内部条件分析，可以明确差距，挖掘企业内部潜力，为企业制定战略提供科学的依据。

2. 企业内部条件分析的内容

企业内部条件分析的内容包括如下两个方面：

（1）企业一般情况分析。

1）领导者素质和职工素质分析。通过分析可以了解本企业总体人员的素质，考察人力资源的适宜性和适应性。领导者素质包括政治思想素质、文化知识素质、专业技术素质、智能素质、身体素质等；对广大职工主要应进行思想素质、文化素质和技术业务素质分析。

2）企业管理素质分析。主要分析企业科学管理水平的高低、管理者管理知识和管理技术的强弱等。

3）企业技术素质分析。主要分析企业设备水平、各种工艺装备和测试、计量仪器的水平、技术人员和技术工人的技能等级结构的高低，也要分析机器设备的役龄结构和工艺结构是否合理。

4）企业资源供应分析。对企业所需要的原料、材料、燃料、动力、零部件、元器件等的供应，从数量、质量、品种、规格、期限等的保证程度上进行分析。

5）企业财务成本分析。对企业进行生产经营活动所投入的资本金和负债等各种资金的运行情况、成本费用情况以及所产生的收入和盈利情况进行分析。

6）企业生产条件分析。要分析企业生产过程组织和劳动组织是否适应市场的需要、能力结构与市场需求结构是否相适应，以及生产计划、现场管理水平的高低等。

（2）企业经营实力分析。

企业是否存在竞争优势集中反映在企业的经营实力上，其分析主要包括以下内容：

1）产品竞争能力分析。主要是对产品素质高低进行分析，即分析产品的成本、价格、质量、服务、商标、交货期、营销与广告等要素的水平是否符合顾客的需求，是否比竞争对手高出一筹。

2）技术开发能力分析。企业应对新产品、新技术开发的难易程度进行分析。如果企业技术素质高，技术队伍整齐、水平高，技术装备程度高，开发能力就较强，就容易开发出新技术、新产品。

3）生产能力分析。主要应对企业的生产规模及其生产能力结构进行分析，一是对产品生产各个工艺阶段的能力进行分析，看其是否平衡，有哪些薄弱环节，需要采取哪些措施填平补齐；二是生产多种产品时需要对各种产品的生产能力结构进行分析，看其是否合理，是否需要进行生产能力结构的优化与调整。

4）市场营销能力分析。一是分析企业选择销售渠道的能力，企业能够通过哪些营销渠道把产品顺利投入到目标市场；二是要分析企业自销能力，企业通过加强营销机构建设，组建和扩充营销队伍形成了多大的营销能力。

5）产品获利能力分析虞要对产品进行盈亏分析，找出其盈亏临界点，要把各种产品的资金利润率与目标利润率进行比较，据此判断产品获利能力的强弱。

（三）战略综合分析

1. 战略综合分析的目的

战略综合分析，就是将企业外部环境和企业内部条件的各种因素结合起来进行的分析。通过对外部环境的分析可以发现各种有利于企业发展的机会和各种不利于企业生存和发展的威胁，通过对企业内部条件进行分析可以把企业在市场竞争中的强项和弱项显现出来。通过将外部环境和企业自身条件结合起来进行综合分析，能将机会与威胁、强项与弱项的分析结合起来，从中发现并提出企业今后为持续生存和不断发展所必须解决的一系列重大战略课题，从而为制定企业战略或调整、更新企业战略提供科学的依据。

2. 战略综合分析的方法

战略综合分析的方法有很多，下面介绍常用的 SWOT 分析法、波士顿矩阵分析法、价值链等方法。

（1）SWOT 分析法。

SWOT 分析法是指一种综合考虑企业内部条件和外部环境的各种优势，分析企业存在的优势和劣势、面临的机会和威胁从而选择最佳经营战略的方法。其中，S 是指企业内部的优势（Strengths），W 是指企业内部的劣势（Weakness），O 是指企业外部的机会（Opportunities），T 是指企业外部环境的威胁（Threats）。

企业内部的优势和劣势是相对于竞争对手而言的。当两个或两个以上企业处在同一市场或它们都有能力向同一顾客群体提供产品和服务时、如果其中一个企业有更高的盈利能力或盈利潜力时，则这个企业相对于竞争对手而言更具有优势，反之则处于竞争劣势。判断企业的优势与劣势一般有两种标准：一是单项的优势与劣势。如通过企业的资金、技术设备、员工素质、产品、市场、管理技能等判断标准；二是综合的优势和劣势。为了评估企业的综合优势和劣势，应选定一些重要因素予以评价打分，并根据其重要性程度按加权确定。

企业外部的机会又称为环境机会，是指环境中对企业有利的因素，如政府支持、高新技术的应用，良好的购买者和供应者关系等；企业外部的威胁又称为环境威胁，是指外部环境中一种不利的发展趋势所形成的挑战，如果不采取果断的战略行为，将导致公司的竞争地位被削弱。如市场增长率缓慢、新竞争对手的出现、购买者讨价还价能力增强等

SWOT分析法依据企业的目标对企业生产经营活动及发展有着重大影响的内部及外部因素进行评价，按内部、外部因素的重要程度加权并求和，然后根据所确定的标准，从中判定企业的优势与劣势、机会与威胁。企业在此基础上选择适宜的战略。

（2）波士顿矩阵。

波士顿矩阵又称四象限分析法，是美国波士顿咨询集团（Boston Consulting Group）提出的一种统筹分析方法，它把企业经营的全部产品或营业的组合作为一个总体进行分析，常用来分析企业相关经营业务之间现金流量的平衡问题，适用于具有多种产品和市场的企业。在这种企业中每一个产品和市场都分别作为单独的营业或利润中心进行管理，不存在任何起支配作用的产品和市场。

波士顿矩阵中纵轴表示营业增长率，指行业内某个产品或营业前后两年市场销售额增长的百分比，表示每项经营业务所在市场的相对吸引力；横轴表示企业在行业中的相对市场份额地位，指企业自己的市场份额与其最大的竞争对手的市场份额之比。图中纵坐标与横坐标的交叉点表示企业的一个产品或营业。四个象限分别为：

1）问题业务。它是指处于高增长率、低市场占有率象限的产品或业务群。前者说明市场机会大，企业需要大量的资金支持其生产经营活动，后者说明其相对份额地位低，能够生成的资金很小，这类业务处于最差的现金流量状态。企业对"问题"业务应采取选择性投资战略，即首先确定对该象限中那些经过改进可能会成为"明星"的产品或业务进行重点投资，而对其他将来有希望成为"明星"的产品或业务则列入长期计划进行。

2）明星业务。它是指处于高增长率、高市场占有率象限内的产品或业务群，这类业务可能成为企业的"金牛"业务。这类业务在增长和获利上有着极好的长期机会，

但它们增长较快而显得资金不足，需要加大投资以支持其迅速发展。对这类产品，企业应采取发展战略，应在短期内优先供给其所需资源，以提高其市场占有率和竞争能力。

3）金牛业务。它是指处于低增长率、高市场占有率象限内的产品或业务群。该类业务已进入成熟期，销售量大，盈利率高，本身不需要投资，反而能为企业提供大量的资金支持其他产品特别是明星产品投资的后盾。对这一象限内大多数市场占有，即所投入资源以达到短期收益最大化为限。

4）瘦狗业务。它是指处在低增长率、低市场占有率象限内的产品或业务群。这类业务处于饱和的市场中，竞争激烈，可获利润低，甚至处于保本或亏损状态，不能成为企业的资金来源。对这类产品应采取撤退战略，应减少批量逐渐撤退，对那些增长率和市场占有率极低的产品应及时淘汰。

（3）价值链。

美国战略管理学家波特认为，企业每项生产经营活动都是其创造价值的经济活动。因此企业所有的互不相同但又相互关联的生产经营活动便构成了企业创造价值的动态过程，即价值链。

企业的生产经营活动主要分为基本活动和辅助活动两大类。基本活动是生产经营的实质性活动，一般可以分成内部后勤、生产经营、外部后勤、市场销售和售后服务五种活动，这些活动与商品实体的加工流转直接有关，是企业的基本增值活动。各类基本活动都会在不同程度上体现出企业的竞争实力；辅助活动是指配合基本活动以完成增值目的的活动，包括企业投入的采购管理、技术开发、人力资源管理和企业基础设施，即指企业的组织结构、控制系统以及文化等活动。

企业为了诊断自己的竞争实力，需要根据价值链的一般模型构造企业自己特色的价值链。企业在构造价值链时，需要根据利用价值链分析的目的以及自己生产经营活动时的经济性将每一项活动进一步分解。分解后的每项活动要有自己的经济内容，或具有高度差别化的潜力，或在成本中有重要的百分比。企业应将可以充分说明企业竞争优势与劣势的子活动单独列出来以供分析使用，那些不重要的子活动可以归纳在一起分析。活动的顺序应按照工艺流程进行，也可以根据需要进行安排，以便管理人员从价值链的分类中得到直观的判断。

企业价值活动间的内在联系所形成的竞争优势有最优化与协调两种形式。企业为了实现其总体目标往往在各项价值活动间的联系上进行最优化的抉择，以获得竞争优势；在协调方面企业通过协调各活动间的联系，来增加产品的差别化或降低成本。在最优化与协调的过程中企业需要大量的信息去认识形式多样的联系。

价值活动的联系不仅存在于企业价值链内部，而且存在于企业与企业的价值链之间。其中最典型的是纵向联系，即企业价值链与供应商和销售渠道价值链之间的联系。后者往往对企业活动的成本和效益产生影响，反之亦然。企业价值链与供应商价值链之间的各种联系为企业增加竞争优势提供了机会。通过影响供应商价值链的结构，或者通过改善企业与供应商价值链的关系，企业与供应商常常会双方受益，实现"双赢"。在企业与其供应商之间分配由于协调或优化各种联系所带来的收益取决于供应商的讨价还价能力，并体现为供应商的利润。销售渠道的各类联系分析是企业产品流通的价值链的重要内容。销售渠道对企业价值的抬价经常在最终销售价格中占有很大比重。销售渠道进行的各种促销活动可以替代或补充企业的活动从而降低企业的成本或提高企业的差别化

三、企业战略制定与选择

战略按其影响的范围及内容可分为公司战略和经营战略。公司战略所要解决的问题是确定经营范围及进行资源配置，它由企业的最高管理层来确定，并且有较长的时效；经营战略集中于在某一给定的经营业务内确定如何竞争的问题，它的影响范围比较窄，且适用于单经营单位或战略经营单位；职能战略涉及各职能部门的活动，其活动范围较经营战略更窄。本节简要介绍公司战略的各种选择方案，及如何对其选择的战略作出评价。

（一）公司战略

从公司战略所要解决的来确定企业的经营范围，即确定企业是在一个领域还是在多个领域中经营出发，可以把公司战略分成两类：多元化战略与专业化战略。

1.多元化战略

多元化战略就是指企业在两个或两个以上的行业中进行经营。企业出于分散经营风险、逃避业务萎缩、提高资源配置效率等方面的考虑会采取多元化经营的战略。根据多元化业务之间的相互关联程度，可以把多元化战略细分为复合多元化、同心多元化、垂直多元化和水平多元化等。

（1）复合多元化。复合多元化是指各产品或劳务没有任何共同主线和统一核心的多元化检或者说这类企业进入没有任何技术、经济关联的多项业务领域。如美国杜邦公司除经营化学产品外，还经营摄影器材、印刷设备、生物医学产品；首都钢铁公司除主营钢铁外，还将经营范围扩展至电子、机械、建筑等行业。

同心多元化。同心多元化是指以市场或技术为核心的多元化．主要有三种形式：第一，多种产品或劳务都以相同市场为统一的核心，如一家公司生产电视机、电冰箱、洗衣机等各种产品，这些产品都统一于"家电"这个市场；第二，各种产品或劳务都

以相同技术为统一的核心，如冶金厂同时开展多种金属的冶炼业务，这些产品之间可以共享其冶炼技术等；第三，各种产品或劳务以相同的市场、技术为统一的核心，如收音机、录音机、电视机等都以电子技术为基础而统一于家电市场。

垂直多元化垂直多元化是指在一个完整的产品价值链中，企业在原承担的生产阶段的基础上向前或向后发展经营。如果是向价值链的前端发展，就称为前向垂直多元化，如汽车制造厂在生产汽车元件并进行装配的同时，也生产车轮或汽车轮胎；又如印刷企业也投资生产油墨等。如果是向价值链的后端发展，就称为后向垂直多元化，如一家轧钢厂也同时生产钢管进行销售等。

水平多元化。水平多元化是企业利用原有市场，在同一专业领域内进行多品种经营。例如，汽车制造厂生产轿车、卡车和摩托车等各种不同类型的车辆。企业实现多元化经营可以通过内部增长或外部增长的方式来进行。内部增长即企业通过建立新的生产设施和营销网络，将业务扩张至其他行业和产品领域，从而实现企业多元化经营的方式。内部增长可以通过投资新厂或者研究开发新产品等形式来实现。外部增长企业通过兼并和收购其他企业，将业务扩张至其他行业和产品领域，从而实现企业多元化经营的方式。多元化战略可以分散企业的业务，从而降低市场风险，同时也有利于企业发挥规模效应和品牌优势。但过分多元化将会使企业经营战线过长，使企业面临更大的管理失控的风险。

2. 专业化战略

专业化战略是指企业仅在一个行业集中生产单一产品或服务的战略。由于专业化生产，企业可以在单一产品上集中生产能力和资源要素，从而达到规模经济的效果。实行专业化战略的企业还可以为目标客户提供更多品种和规格的产品。此外，由于可以更好地研究目标顾客的消费偏好及消费趋势的变化，并且对这种变化能更快地采取适应性行动，因此，实行专业化战略的企业可以以更快的速度生产出符合顾客不断变化的需求的产品。如格兰仕公司在 20 世纪 90 年代所采用的战略就是典型的专业化战略，它集中企业的全部资源，只生产微波炉这一种单一产品，从而在实现规模经济后取得成本优势，迅速成长为中国微波炉市场有一定影响力的品牌。

专业化战略有利于企业集中优势资源，但也面临着专业市场变化、市场需求萎缩的市场风险。

（二）经营战略

经营战略也称为一般竞争战略，波特在《竞争战略》一书中，指出企业为了获取相对竞争优势，可以选择如下三种不同类型的一般竞争战略，即成本领先战略、差异化战略和集中化战略。

1. 成本领先战略

领先竞争战略的核心是使企业的产品成本比竞争对手的产品成本低，也就是在追求产量规模经济效益的基础上降低成本，使企业在行业内保持成本的领先优势。采用成本领先竞争战略，尽管面对强大的竞争对手，但仍能在本行业中获得高于平均水平的收益。实行成本领先竞争战略可以在本行业中筑起较高的进入堡垒，并使企业进入一种成本——规模的良性循环．

企业之所以要采取成本领先战略，主要因为它将给企业带来以下战略好处：

（1）即便行业内存在很多竞争对手，具有低成本地位的企业仍可获得高于行业平均水平的利润。

（2）能有效地防御来自竞争对手的竞争。因为较低的成本意味着当其他的竞争对手由于对抗而把自己的利润消耗始尽以后，它仍能获得适当的收益。

（3）企业的低成本战略能对抗强有力的买方，因为买方的讨价还价能力只能迫使价格下降到下一个在价格上最低的对手的水平。也就是说，买方的讨价还价的前提是行业内仍有其他的企业向其提供产品或服务，一旦价格下降到下一个最有竞争力的对手的水平，购买者也就失去了与企业讨价还价的能力。

（4）无论是规模经济还是在其他成本优势方面，那些导致成本领先的因素也成了潜在进入者的进入障碍。

（5）具有成本领先地位的企业可以有效地对付来自替代品的竞争。正因为成本领先战略具有上述明显的优势，因此企业很愿意采用成本领先战略进行竞争毒价格战略就代表了这样一种倾向。事实上，对于某些行业，如日用品，成本优势是获得竞争优势的重要基础。

虽然成本领先可以给企业带来竞争优势，但采用这种战略也将面临一定的风险。首先，技术的迅速变化可能使过去用于扩大生产规模的投资或大型设备失效；其次，由于实施成本领先战略，高层管理人员可能将注意力过多地集中在成本的控制上，以致忽略了消费者需求的变化；最后，为降低成本而采用的大规模生产技术和设备过于标准化，因此可能会使产品生产缺乏足够的柔性和适应能力。

企业实施成本领先的战略可以通过以下方式进行：

（1）控制成本。即企业对已有的成本支出进行控制。控制成本的重点应放在产品成本比重较大的项目上，或与标准成本（计划成本）偏差（超支）较大的项目上。

（2）采用先进设备。企业采用先进的专用设备，可以大幅度提高劳动生产率，但是要求企业具备足够资金以及市场的支持，只有企业生产和销售的产品批量足够大，形成规模效益，才能最终降低产品的单位成本。

2. 差异化战略

差异化战略是指企业向顾客提供在行业范围内独具特色的产品或服务。由于独具特色，可以带来额外的加价。差异化是企业广泛采用的一种战略。因每个企业都可以在产品和服务的某些特征上与竞争产品和服务不同，所以企业的差异化的机会几乎是无限的。差异化战略并不是简单地追求形式上的特点与差异，企业必须了解顾客的需要和选择偏好是什么，并以此作为差异化的基础。为了保证差异化的有效性，必须注意两个方面：第一，企业必须了解自己拥有的资源和能力及能否创造出独特的产品；第二，从需求的角度看，必须深入了解顾客的需要和选择偏好，企业所能提供的独特性与顾客需要的吻合是取得差异化优势的基础和前提。采用差异化竞争战略生产经营差异产品的企业，需要投入特殊的而不是通用的生产工艺、技术和机械设备，所以要支付比实行低成本竞争战略生产、销售标准产品（批量产品）更高的成本。

企业之所以要采用差异化战略，主要是基于差异化战略能带来以下好处：

（1）产品差异化可以使顾客产生品牌忠诚，降低对价格的敏感性，从而削弱顾客的讨价还价能力。由于顾客缺乏可比较的选择对象，因此不仅对价格的敏感性较低，而且更容易形成品牌忠诚。

（2）差异化本身可以给企业产品带来较高的溢价。这种溢价不仅足以补偿因差异化所增加的成本，而且可以给企业带来较高的利润，从而使企业不必去追求成本领先地位。产品的差异化程度越大，顾客越愿意为这种差异化支付较高的费用，企业获得的差异化优势也就越大。

（3）采用差异化战略的企业在对付替代品竞争时比竞争对手处于更有利的地位'这是由于顾客更注重品牌与产品形象，一般情况下不愿意接受替代品。

差异化战略往往给企业带来相应的竞争优势，然而，在某些条件下，追求差异化的企业也会遇到一定的风险。首先，顾客选择差异化产品和服务，不仅取决于产品和服务的差异化程度，也取决于顾客的相对购买力水平。当经济环境恶化，人们的购买力水平下降时，顾客会把注意力从产品和服务的差异化特色转移到一些实用价值和功能上来。其次，竞争对手的模仿可能会减少产品的差异化程度，从这点来讲，企业能否通过差异化取得竞争优势，在一定程度上取决于其技术和产品是否易于被模仿。企业的技术水平越高，形成产品差异化需要的资源和能力就越具有综合性，竞争对手模仿的可能性就越小。

对企业来说，产品的差异化主要体现在产品实体的功能、售后服务以及通过广告等市场营销手段、以商标等的差异作为产品差异市场管理方面。一般来说，企业应首先考虑在产品实体的功能和售后服务上形成差异，而市场管理则是形成产品差异的最后的且有一定风险的手段。

3. 集中化战略

集中化战略是指企业的经营活动集中于某一特定的购买者集团、产品线的某一部分地域上的市场。同差异化战略一样，集中化战略也可呈现多种形式。虽然成本领先战略和差异化战略二者是在整个行业范围内达到目的，但集中化战略的目的是很好地服务于某一特定的目标，它的关键在于能够比竞争对手提供更为有效或效率更高的服务。因此，企业既可以通过差异化战略来满足某一特定目标的需要，又可以通过低成本战略服务于这个目标。尽管集中化战略不寻求在整个行业范围内取得低成本或差异化，但它是在较窄的市场目标范围内取得低成本或差异化的。

同其他战略一样，集中化战略也能在本行业中获得高于一般水平的收益，主要表现在以下三个方面：第一，集中化战略便于集中使用整个企业的力量和资源，更好地服务于某一特定的目标；第二，将目标集中于特定的部分市场，企业可以更好地调查研究与产品有关的技术、市场、顾客以及竞争对手等各方面的情况，做到"知彼"；第三，战略目标集中明确，经济成果易于评价，战略管理过程也容易控制，从而带来管理上的简便。根据中、小型企业在规模、资源等方面所固有的一些特点，以及集中化战略的特性，集中化战略对中、小型企业是最适宜的战略。集中化战略也有相当大的风险，主要表现在以下三个方面：第一，由于企业全部力量和资源都投入到一种产品或服务或一个特定的市场，当顾客偏好发生变化、技术出现创新或有新的替代品出现时，就会发现这部分市场对产品或服务需求下降，企业就会受到很大的冲击；第二，竞争者打入了企业选定的部分市场，并且采取了优于企业的更集中化的战略；第三，产品销量可能变少，产品要求不断更新，造成生产费用的增加，使采取集中化战略企业的成本优势削弱。

（三）一般竞争战略的选择

1. 选择竞争战略

企业一般竞争战略的确定是企业战略管理的重要内容之一。有的学者认为波特提出的三种竞争战略实际是两种战略，即低成本竞争战略和差异化竞争战略，集中化竞争战略是在狭窄市场范围（市场的某一部分或其中的某一子市场）内对前两种竞争战略的具体运用。大量研究结果表明，许多成功的企业有一个共同的特点：就是在确定企业竞争战略时，根据企业内外环境条件在差异化和低成本竞争战略中选择一个，从而体现目标，并采取相应措施而取得成功的。一般企业为了在竞争中取胜，并不是同时追求两个目标，而是选定一种战略，重点突破，以取得竞争中的绝对优势。

选择哪一种竞争战略，决定着企业的管理方式、产品的研究开发、企业的经营结构以及市场理念。采用低成本竞争战略的企业就应该在所有的生产环节上实现彻底的合理化，除成本控制外，最重要的就是讲求产品的合适批量，以充分利用大机器生产标准的产品，实现规模效益。福特汽车公司在早期的发展中，创造性地开发出流水线生产方式，并用来生产汽车。流水线的发明，使汽车成本大大降低，因此，福特公司当时生产的汽车成为"大量生产、大量销售"时代的代表。采用差异化竞争战略，就必须有特别的工艺设备与技术，同时为了使顾客了解本企业的这种"差异"，或者让本来是标准品的产品在消费者心目中建立起"差异"的形象，企业还要在销售方面组织广告宣传和产品推销活动等。这一切决定了产品差异化竞争战略必然与低成本竞争战略发生矛盾与冲突，同时实施这两种竞争战略的企业往往在市场竞争中失败，世界上最大的叉车制造厂—克拉克公司因同时追求这两个目标而惨遭失败是这一结论的典型案例。但是，同一企业在不同产品、不同阶段上可以采取不同的竞争战略，以下三种情况也是常见的：

（1）同一企业可以在不同种类的产品上采取不同的竞争战略。例如汽车生产厂家可以对轿车和卡车分别采取差异化竞争战略和低成本竞争战略。

（2）同一企业可以在生产与销售这两个环节上采取不同的竞争战略。例如，可以在生产上采取低成本竞争战略，在销售和售后服务中采取差异化竞争战略。

（3）同一企业在不同时期可以有不同的竞争战略。例如，当产品处于投入期与成长期时，可以采用低成本竞争战略；而处于成熟期时，则采用差异化竞争战略。

2. 选择企业基本战略应考虑的问题

（1）外部环境。在社会经济高速发展时期，由于企业之间激烈的竞争以及居民收入随生产力的发展而迅速提高，低成本竞争战略就会在很大程度上失去意义。反之，如果企业处于较落后的经济状态下，则应该高度重视低成本竞争战略以刺激需求。在欧美等发达国家，大众化的产品都强调产品差异化战略，而低成本竞争战略的模式则逐渐被企业所抛弃；在发展中国家一般多采用低成本战略。

（2）自身实力。对于规模较小的企业，由于其生产与营销能力都比较薄弱，因此应该选择专一化竞争战略，以便集中企业优势力量瞄准某一特定顾客、特定地区或特定用途的产品打"歼灭战"；如果企业生产能力较强而营销能力较差，可考虑运用低成本竞争战略；如果企业营销能力强而生产能力相对较弱，可考虑运用差异化竞争战略，以充分发挥企业销售能力；如果企业生产与营销能力都很强，可以考虑在生产上采取低成本竞争战略，在销售上采取差异化竞争战略。

（3）产品种类。对于不同种类的产品，客户对其价格、质量、服务等要素具有不同的敏感度。对于生产资料来说，在保证基本质量的前提下，价格将成为企业竞争中最重要的因素，企业应尽量降低成本。消费品往往非专家购买，而绝大多数消费者是依据广告宣传、店员介绍、产品包装及说明、合适的价格来确定是否购买，所以对于消费品的生产企业来说，应尽量使本企业产品在服务和市场营销管理方面实施差异化竞争战略。日常消费品与耐用消费品是对消费品的进一步划分。日常消费品是人们几乎每天都消费的、反复少量购买的产品，这种产品竞争的关键是价格，因此，企业应在保证质量的前提下以优惠价格出售。耐用消费品是一次购买、经久耐用的产品，若干年才买一次。产品的质量与售后服务对顾客来讲非常重要，这就要求企业在这两个方面下功夫，推出质量和服务更好的差异化产品。

（4）产品周期。在产品的投入期，为了抢占市场防止竞争者的进入，企业常常采用低成本竞争战略，以刺激需求，使企业处于成本、市场占有率、收益和设备投资四者的良性循环中璧到了产品的成熟期与衰退期，消费需求呈明显多样性与复杂性，这时企业就应该采取差异化竞争战略或专一化竞争战略。

当然，也存在与上述相反的实际现象，例如，一些高档消费品在投入期与成长期，由于购买者较少，需要以较高的价格作为自己身份、地位的象征，差异化竞争战略是明智的选择；而产品到了成熟期之后由于原购买者已失去了把这些产品作为自己地位象征的兴趣，而新加入的消费者又主要着眼于产品的一般消费功能，因此这时企业应从差异化竞争战略转为低成本竞争战略，这种现象被称为高档品的日用品化。

四、企业战略实施与控制

企业一旦选择了合适的战略，战略管理活动的重点就从战略选择转移到了战略实施阶段。战略实施就是将战略方案付诸实施并取得结果的过程，它是战略管理过程的行动阶段。一般说来，战略实施包含四个相互联系的阶段：战略发动、战略实施计划、战略运作和战略控制。

（一）企业战略实施

1. 战略发动阶段

为调动起企业大多数员工实现新战略的积极性和主动性，要对管理人员和员工进行培训，灌输新的思想、新的观念，使大多数员工逐步接受新的战略。

2. 战略实施计划阶段

将企业战略分解为几个战略实施阶段，每个战略实施阶段都有分阶段的目标，相应的有每个阶段的政策措施、部门策略以及指导方针等。要对各分阶段目标进行统筹规划、全面安排。

（1）分解战略目标。战略目标的分解是设定战略计划系统的核心内容。战略实施就是要将战略目标从时空上进行分解、细化，就是根据战略阶段的要求将各阶段、特别是现阶段的目标具体化（可执行化和数量化），即把战略目标由远及近、由粗到细逐步分解，落实到每一个较小的时空上。战略目标的时间分解，必须注意目标实现的阶段性和连续性，处理好目标实现的节奏性和时限性。而战略目标的空间分解，就是根据战略对各个层次、各个部门目标的具体化，即把战略目标由高到低、由事及人逐步分解，落实到每一具体的战术上。总之，战略目标的时空分解，必须注意战略目标和战术手段的结合，处理好目标实现的层次与范围的一致性，在此基础上．企业还需要编制战略计划和战略任务书，以便更好地重组资源，调整组织结构，用计划推动战略实施。

（2）落实战略方案。战略方案的落实是设定战略计划系统的根本问题，具体包括人员落实、任务落实和方法落实。人员落实主要是解决由谁来执行战略计划的问题，主要包括首席执行官（CEO）的落实、各级经理人员的落实和具体战略执行者的落实。企业战略方案一经确定，各级战略计划执行者就是战略实施效果的决定因素。任务落实所要解决的是在战略计划执行过程中该做什么的问题，主要包括五个方面：第一，围绕战略目标有重点地优化配置资源；第二，调整组织结构以有效地执行战略；第三，动员整个组织投入执行战略计划；第四，设置战略管理支持系统；第五，发挥战略领导作用。方法落实就是怎样去完成战略计划任务《战略实施是战略管理的重要环节，涉及企业管理的所有职能部门，各部门如何执行战略计划事关重大。事实上，在战略计划系统中，一项战略计划的执行需要得到各部门行动计划的支持。同时，企业的资源分配必须重点支持这种战略目标的实现。最后，企业必须建立一个战略实施控制系统或早期预警系统，以保证战略计划的正确执行。

3. 战略运作阶段

企业战略的实施运作主要与领导者素质、组织结构、企业文化和资源规划四个因素有关。

（1）领导者素质。战略管理是企业中管理人员，尤其是高层领导者的重要职责：从战略的制定到实施，均离不开企业的领导者。战略管理要求具有机智果断、勇于创新、远见卓识、知识广博、丰富经验和独特管理魅力的人来担任企业领导者。战略管理要求企业领导者不能等同于一般管理人员，而是能超脱于一般管理，能从企业日常经营管理工作中解脱出来，有精力和条件运用自己的知识、经验、技能为企业制定出创新战略，并能积极有效地去推行战略。战略管理还要求企业领导者真正统领全局，领导和激励全体员工为实现企业战略而努力e具体说来，战略管理要求领导者应具备以下素质：第一，道德与社会责任感；第二，前瞻性的思维；第三，随机应变的能力；第四，开拓进取的品格；第五，丰富的想象力；第六，居安思危的心态。

（2）组织结构。企业要有效地实施战略，必须建立适合于所选择战略的组织结构；否则，不合适的组织结构将妨碍战略的实施，使战略达不到预期的效果。因此，组织结构与战略实施具有密不可分的联系，它是决定战略实施成败与否的关键因素之一。钱德勒最早对组织结构与战略之间的关系进行了研究。他研究了70家公司的发展历史，尤其是杜邦公司、通用汽车公司、西尔斯罗巴克公司和标准石油公司美国这四大公司的发展历史。他发现：在早期，像杜邦这样的公司倾向于建立集中化的组织结构，这种结构非常适合其生产和销售有限的产品。随着这些公司增添新的产品线、收购上游生产投入行业建立自己的分销系统等，对高度集中化的组织结构来说，企业就变得太复杂了。为了保持组织的有效性，这些企业就需要将组织结构转变为具有几个半自治性质事业部的分权式组织结构。因此，钱德勒得出了这样的结论：组织结构服从于战略，企业战略的改变会导致组织结构的改变，最复杂的组织结构是若干个基本战略组合的产物。

（3）企业文化战略。实施除了利益的驱动外，还需要企业文化的支持。企业文化是指一个企业的全体成员共同拥有的信念、期望值和价值观体系，它确定企业行为的标准和方式，规范企业成员的行为。企业战略制定后，需要全体组织成员积极有效地贯彻实施。长期以来形成的企业文化具有导向、约束、凝聚、激励、辐射等作用，是激发员工工作热情和积极性、统一员工意志和目标、使员工为实现战略目标而协同努力的重要手段。与战略实施所需的价值观、习惯和行为准则相一致的企业文化有助于激发人们以一种支持战略的方式进行工作。但是，企业文化的形成过程是漫长的，文化的变革也是非常困难的。因此，建立一种支持战略的企业文化，是战略实施中最为重要也是最为困难的工作。

（4）资源规划。资源规划是战略实施的一个重要方面，在企业内部可以分为公司层和经营层两个层次的资源规划。公司层的资源规划主要是在公司的不同组成部分之间进行资源分配，这些组成部分可能是企业的职能，也可能是业务分部或地区性分部。其重点是决定应该怎样在企业的不同组成部分之间分配资源，以支持企业的整体战略。在实施战略时，经营层的资源规划需要重点解决两个问题：第一，规划中一定要弄清楚哪些价值活动对战略的成功实施最为重要，并且在规划时要给予特别的注意；第二，规划一定要解决整个价值链的资源需求问题，包括价值链之间的联系以及供应商、销售渠道或顾客的价值链。

（二）战略控制阶段

战略是在变化的环境中实施的，企业只有加强对战略执行过程的控制，才能适应环境的变化，完成战略任务。战略控制阶段分为三个部分：确定评价标准、评价工作成绩和采取纠偏措施。

1. 确定评价标准

评价标准是企业工作成绩的规范，它用来确定战略措施或计划是否达到战略目标。一般来说，企业的战略目标是整个企业的评价标准。此外，在较低的组织层次上，个人制定的目标或生产作业计划都应是评价标准。评价标准同战略目标一样，也应当是可定量的、易于衡量的。选择合适的评价标准体系主要取决于企业所确定的战略目标。

2. 评价工作成绩

评价工作成绩是指将实际成绩与确立的评价标准相比较，找出实际活动成绩与评价标准的差距及其产生的原因。这是发现战略实施过程中是否存在问题或存在什么问题以及为什么存在这些问题的重要阶段。在评价工作成绩时，企业不仅将实际绩效与评价标准或目标相比较，而且也应当将自己的实际成绩与竞争对手的成绩相对照。通过这样的比较更能发现自身的长处或弱点，以便采取适当的纠正措施。评价工作成绩中的主要问题，是要决定将在何时、何地以及间隔多长时间进行一次评价。为了提供充分而及时的信息，工作成绩应当经常地进行评价。要根据所评价问题的性质及对战略实施的重要程度，确定合理的评价频度。

3. 采取纠偏措施

对通过评价工作成绩所发现的问题，必须针对其产生的原因采取纠偏措施，这是战略控制阶段的目的所在。如果制定了评价标准，并对工作成绩进行了评价，但并未接着采取恰当的行动，则最初的两步将收效甚微。

第二节　企业组织管理

一、企业的组织结构形式

企业的组织结构形式企业的组织结构就是企业全体员工为实现企业目标而进行分工协作，在职务范围、责任、权力等方面所形成的模式。企业的组织结构通常可用图表表示，它表明了组织各部分的空间位置、排列顺序、聚集状态、联系方式和各要素之间的相互关系等。企业的组织结构设计是一项系统工程。复杂的组织结构往往会使企业管理运行钝化，简单的组织结构可以使管理者避免组织内耗。

（一）企业组织结构设计的原则

组织结构设计的基本原则实质就是组织工作的原理，就是对各种结构形态的组织普遍适用的要求。组织结构设计一般应遵循以下原则：

1. 高效精简原则

组织结构应以企业的战略目标为最终目标，应本着精简、高效、实用的原则进行设计。只有结构精简，队伍精干，工作效率才会提高。有效的组织结构就是组织目标明确，组织内外、上下、左右信息交流畅通无阻。

2. 统一指挥原则

这就是要求任何一级组织只能一个人负责。下级组织只能接受一个上级组织的指挥，防止政出多门，相互推诿；下级组织也只能向直接上级请示工作，不得越级请示工作，如有不同意见，可以越级上诉；上级组织也不能越级指挥下级，以维护下级组织的领导权威，但可越级检查工作。

3. 责权利相结合的原则

企业组织的结构由各个组织单元构成，每一个组织单元或职位所拥有的责任、权力和利益要相匹配。有责无权就会束缚管理人员的积极性和主动性，而且还会使责任制度形同虚设，最后无法完成任务；有权无责则必然会助长瞎指挥和官僚主义作风。因此权责必须对等，但还应与利益相联系，否则就可能会出现权力被滥用或发挥不足的现象。

4. 集权与分权相结合的原则

企业根据实际需要设计组织结构时，是以集权和分权为核心的。集权就是把权力相对集中于高层管理人员，统管所辖部门和人员。集权可以使企业高层管理人员比较容易地控制与协调企业的生产经营活动。尤其是当企业遇到危机时，集权能够迅速地对外部环境的变化作出反应并决策。分权则是将权力分配给中层以及较低层次的管理人员，会激发中层以下管理人员的责任心，有利于提高企业的管理效率。集权与分权是辩证统一的关系，一般通过统一领导、分级管理表现出来。集权的程度应以不影响基层人员的积极性为限；分权的程度应以上级不失去对下级的有效控制为限。

5. 弹性原则

一个高效的组织结构应具备弹性。所谓弹性就是指一个组织的管理机构、人员的职责和职位都可以根据环境的变化作相应的变动。这种弹性主要表现在部门结构具备弹性和职位具备弹性。

6. 协调原则

协调有纵向协调和横向协调。纵向协调就是上下级之间的工作协调和指挥协调。横向协调就是各职能机构之间，各车间之间，车间内各班组之间的工作协调。在企业管理中，必须搞好协调工作，否则就会出现瞎指挥，打乱仗，相互推诿等现象。

（二）企业组织结构设计的一般程序

根据组织目标及组织内外部环境，建立组织结构，一般按以下基本程序进行：

第一，确定组织目标。

第二，对目标进行分解，拟定派生目标。

第三，确定业务内容，就是确认为实现目标所需要的各项业务工作。

第四，建立工作部门。根据可利用的人力、物力以及最好的方法来划分各种工作，将性质相同的或相近的工作进行归类合并，在组织内部建立起职能各异的部门。

第五，划分管理层次，设定组织权责。根据组织的任务量与组织规模的大小，划分管理的层次，并对各层次部门的权力和责任范围及其相互关系加以明确具体的规定，使它们成为协调一致的管理系统。

第六，配备称职人员。根据各部门和单位业务性质和工作要求的不同，挑选和配备称职的管理人员和工作人员，并明确其职务与职称。

第七，形成组织体系璧组织是协作体，需要在以上各个步骤的基础上，整合形成整个组织系统结构，就是构建组织系统。这是组织设计的最终成果，这一成果一般体现在组织系统图、职位说明书和组织手册上。

（1）组织系统图。又叫组织树，就是用图形的方式表示组织内各机构、岗位、上下左右的相互关系。其垂直形态表示职权关系，水平形态则表示分工或部门化。

（2）职位说明书。它包括工作名称、主要职能、职责以及相应的职权，通常也称之为岗位标准或工作标准。

（3）组织手册。通常是组织系统图与职位说明书的综合。它表示各部门的职责与职权，每一职位的职责与职权，以及各部门、主要职位之间的相互关系。

（三）企业组织结构的形式

1. 企业组织结构的一般形式

随着企业的产生和发展以及领导体制的演变，组织结构形式也在发生着变化。典型的组织结构形式有直线型、职能型、直线职能型、事业部型、矩阵型和公司制等；其中直线型和职能型是早期人们在组织规模小、业务单一、管理简单的情况下采用的，目前不多见。

（1）直线职能制组织结构形式。直线职能制组织结构形式也叫生产区域制，或直线参谋制。其特点就是既设置直线行政领导人，又在各级行政负责人之下设置相应的职能部门，分别从事专业管理，作为该级行政主管的助手，组织各项职能管理工作；各级行政领导人实行逐级负责，对所属下级有指挥权，并对自己部门的工作负全部责任；职能部门对下属部门只进行业务指导，无权进行指挥。

直线职能制形式的优点就是既保证组织的统一指挥，又有利于强化专业管理。但这种形式也有不足之处，就是下级缺乏必要的自主权；职能部门之间的协调工作负担较重；直线人员与参谋人员关系有时难以协调。这种组织结构一般适用于企业规模不大或产品不太复杂、工艺较稳定、市场销售情况比较容易掌握的中小企业。

矩阵组织结构形式。矩阵组织结构又称"规划一目标"结构。其特点是既有按职能划分的垂直管理系统，又有按项目（或产品、服务）划分的横向管理系统，两套系统相互交错，形成一个矩阵结构。这种组织形式打破了传统的"顶头上司"的命令原则，使同一员工同时隶属于两个甚至两个以上的部门。在日常职责方面，接受所在职能部门的垂直领导；若选入项目组完成特定任务时，要接受项目负责人的横向指挥。但任务一旦完成，项目组成员仍回原部门工作。为了保障管理目标的完成，每个项目小组都设负责人，直接接受组织最高主管领导。这种组织形式的优点是加强了各职能部门的横向联系和合作；对人员的使用富有弹性，有利于发挥专业人员的综合优势，有利于整体工作效率的提高。但矩阵组织结构也有其缺点，就是实施双重领导，易造成意见分歧和管理矛盾；组织关系较复杂，对项目负责人要求较高；这种组织形式还具有临时性的特点，稳定性较差。因此，这种组织结构形式主要适用于变动性较大的组织或临时性工作项目。

事业部制组织结构形式。事业部制形式又称部门化组织结构形式，其突出的特点是"集中决策、分散经营"。就是在总公司的领导下按产品、地区或经营部门分别设立若干个事业部，即分公司；各事业部对产品设计、原料采购，到产品制造、市场营销的全部业务全权负责，实行独立核算、自负盈亏。但总公司对分公司有战略方针的决策权、人事任免权、财务监管权，并运用利润指标对事业部进行目标控制。事业部制形式的优点是使组织高层管理者摆脱了具体的日常管理事务，能够集中精力做好战略决策和长远规划；各事业部自成体系，提高了管理的主动性、灵活性和适应性。其缺点是机构重复、人员冗杂；独立经营、各自为政；重局部利益，轻整体利益。因此，避免"本位主义"和机构重叠是采用事业部制形式应注意的基本问题。事业部制形式适用于跨国公司和大型企业与企业集团。

2. 新型企业组织结构形式

随着知识经济的到来，企业的组织结构形式也出现了新的发展趋势。下面介绍两种新型的组织结构形式。

（1）虚拟组织结构形式。虚拟组织，是指将具有技术、资金、市场、管理等资源的企业联合起来而形成的联合体。这种联合不是真正意义上的实体联合，而是资源的结合，是对资源的重新配置。虚拟企业组织结构包括三个基本要求：

1）核心企业。它是虚拟企业的灵魂，虚拟企业的一切活动均由它发起、组织和协调。

2）成员企业。它们是虚拟企业的外围力量，其优势正是核心企业所需的。

3）协调机制。主要通过合同、规章制度及适当的组织结构协调配合。

虚拟组织创造了各种关系网络，管理人员如果认为别的公司在生产、配送、营销、服务等方面比自己更好，或成本更低，就可以把自己的有关业务转租给它们。例如美孚石油公司将其炼油厂的维修转包给了别的公司；许多图书出版公司依靠外包进行编辑、设计、印刷和装订等。

（2）团队组织结构形式。所谓团队是指为了实现某一目标而由相互协作的个体组成的群体。这是当今流行的一种组织工作方式。当管理人员采用团队作为协调组织活动的主要方式时，其组织结构即为团队结构。这种组织结构形式，其主要特点是打破了部门界限，可以快速地组合、重叠、解散，促进员工之间的合作，提高工作效率。在小型企业中，可以把团队结构作为整个组织形式；在大型企业中，团队结构一般作为典型的职能结构的补充。

二、企业管理的组织职能

（一）组织的含义及其要素

1. 组织的含义

一般意义上的组织，泛指各种各样的社团、企事业单位。管理学上的组织则是指按照一定的目的和程序组成的一种责权结构。它包含三层含义。

（1）组织有一个共同的目标，即经济效益。

（2）组织是实现目标的工具。组织目标能否实现，要看组织内各要素之间的协调、配合程度，要看组织结构是否合理有效。

（3）组织包括不同层次的分工协作。例如层次分工、部门分工、责权分工等，同时还需要进行协作，把组织上下左右联系起来，形成一个有机的整体。

2. 组织的要素

在现实生活中，存在着各种类型的实体组织，例如政府机构、工厂、商店、学校、医院等。它们规模不一，形式各异，职能也不相同，但各类组织都由下列要素构成：

（1）组织成员。任何组织都是一定数量的个人集合体。人是组织中最重要的资源。

（2）组织目标。每一个组织都有自己的目标，这是组织产生和存在的前提。

（3）组织活动。为了实现共同的目标，组织成员必须从事某种活动。组织活动的内容是由组织目标的性质所决定的。

（4）组织资源。进行任何活动都需要利用一定种类与数量的资源。特定的组织是人与资源的特殊结合。除人以外，组织在目标活动中需要利用的资源包括信息、物质条件以及获取信息和物质条件的财务支持。

（5）组织环境。组织总是存在于一定的社会形态中，它在目标活动中必然会与外部发生各种经济或非经济的联系。

在这种联系中，外部社会环境和组织会产生互动影响。

（二）组织职能的主要内容

无论哪一种类型的组织，为了实现组织目标，都要开展一系列的活动，以有效地配置组织内部的有限资源。实质上就是实现管理的组织职能。组织职能一般包括以下活动：

1. 组织结构的设计

组织结构的设计，直观地讲包括横向组织结构设计和纵向组织结构设计两个方面。

（1）横向组织结构设计。横向组织结构的设计解决的是部门划分问题，它主要是依据专业化程度将组织的工作划分成若干个单位或部门，建立起分工协作关系。在部门设计时，要因事设部门，防止"因人设庙"，造成机构臃肿函部门一般根据其职能、过程、产品、地域等标准予以划分。主要有：

1）职能部门就是按相同或相近的工作进行组织安排，形成横向的部门。例如企业的生产部、营销部、财务部、人事部等职能部门。

2）产品部门就是以生产产品的过程或产品的种类进行组织安排。例如纺织厂的弹花车间、细纱车间、织布车间和整染车间等。

3）地域部门就是按照地理区域设立的专门部门。许多全国性或国际性的大公司常常采用这种组织形式。除上述几种形式外，还可以按其他标准设立部门。如顾客部门、时间部门等。

（2）纵向组织结构设计。纵向组织结构的设计解决的是管理层次问题，就是对各层次、各部门的权力和责任范围及其相互关系予以明确，建立起领导隶属关系，为在组织整体目标的实现过程中，有一个协调一致的管理系统。这个管理系统涉及管理幅度和管理层次等问题。

1）管理幅度就是指一个管理者有效管理下属的人数。管理幅度影响着组织的横向结构。在确定管理幅度时，应视具体情况而定，没有一个普遍的通用模式。

2）管理层次。由于管理幅度的限制，当组织规模扩大时，组织主管就要委托一定数量的人员分担管理工作，这就形成管理层次。所谓管理层次是指一个组织内部从最低层次的工作人员到最高层组织主管之间的隶属关系的数目，即组织层次数目。一个企业管理层次多少标志着该企业组织结构纵向的复杂程度。总之，在组织机构设计时，尽可能地把两种形式结合起来，根据具体情况，扬长避短、合理选用，以取得最佳效果。

2. 职权分配与合理授权

权力是推行组织结构运行的核心力量，合理地进行职权分配与授权是组织职能的关键所在。

（1）职权与职权分配。在组织内部各个部门和每个管理层次中，必须设置一系列的职位。占据组织中的职位所拥有的权力，即职权，与其相对应的是职责，是指相对组织职位必须履行的责任。权责应呈对等关系。

为了有效地履行职责，实现工作目标，将组织的权力在各管理部门、管理层次、管理职务中进行配置和分授，就是职权的分配。职权的分配有两种基本类型：

1）职权横向配置，就是依据目标将职权在同一管理层次的各管理部门和人员之间进行合理配置。

2）职权纵向配置，就是依据目标将职权在不同管理层次的部门或人员之间进行分割。集权与分权是其主要表现形式。

（2）授权。授权是分权的重要实现形式，是指上级主管把一部分权力委授给下级任用者，并明确其工作任务、职责和利益，并为其提供必要的条件，让其放手大胆工作。合理的授权可以增加下级的责任心，激发他们的工作积极性和创造性，以提高工作效率；可以使下级在工作中锻炼和提高自己，培养和造就独当一面的主管级人才；可以充分运用专门人才的知识和技能，使上级领导者扬长避短，提高整体管理水平；可以使领导者摆脱不必要的日常事务的缠绕，集中时间和精力履行自身的主要职责，处理好全局的重大问题。

3. 人员选配

组织结构的设计为组织的建立和运行提供了一个框架和指导，而现代组织是以人为本的，没有人员的组织是毫无意义的组织。因此，合理配备人员是管理者组织职能的重要组成部分。所谓人员配备，即通常所说的"用人"，包括组织管理者和普通成员的选聘和任用。它是在组织结构和职位确定以后，为各层次、各部门的不同职务和岗位配备合适的人员，以谋求人和事、人和结构的最佳组合，促进组织和人的共同发展。现代管理强调人是组织发展的最重要的资源，是组织中处于中心地位的要素。组织的竞争归根结底是人力资源的竞争。所以人员选配不仅仅是人事门的事，更是人力资源的开发与运用，是组织最高主管的职责。

组织在进行人力资源开发与管理中，要始终贯彻人本精神，具体表现为以下几方面：

（1）建立合理的人事分配制度。合理的人事制度应体现量才使用的原则。在安排具体人员工作时，应扬长避短，并创造必要的工作条件。分配制度要贯彻按劳分配，并本着公开、公平、公正的原则，以员工工作的业绩为分配依据，充分调动员工的工作积极性。

（2）完善考核和奖惩制度。对员工的考核应从德、能、勤、体、绩等方面全面考核。奖惩工作必须与绩效评价相结合。

（3）做好员工培训工作。员工培训是企业的一项基本职能，应在提高企业员工的文化修养和继续教育两个方面开展工作。

（4）实现从管事向管人的过渡。常言道："小老板管事，大老板管人。"要从管事过渡到管人，需要解决三个问题：①管人问题。当一个企业逐步发展壮大时，用标准管人、约束人就成为企业领导者的一项重要工作。②育人问题。例如对一些战略性岗位的管理人员可立足于自己培养。③用人问题。在管理活动中应该适当分权与授权，就是企业往上成长，权力往下发放，从而使高层主管集中精力考虑企业的发展战略。

4. 组织协调与变革

（1）组织协调。组织在运行过程中，常常会出现不平衡现象和矛盾，这就需要通过整合人员，使之协调一致，保证组织目标的实现。这实质上就是组织的协调。组织协调工作一般可划分为横向协调和纵向协调两大类。纵向协调就是对组织内不同管理层次之间的职权、职能所进行的协调。这种协调是在上下级之间进行，往往只需借助权威，协调比较容易。横向协调则是对组织结构中相同管理层次，不同业务部门之间的职权、职能所进行的协调。常用的横向协调方式有制度性方式、结构性方式和人际关系方式。

（2）组织变革。世界上没有任何一个组织能够永远保持不变。因此，组织变革是必然的，其变革的动因可归结为以下两个方面：

1）外部环境因素。组织外部因素有政治的、经济的、社会的、技术的、文化的、法律的等因素，当这些因素发生变化时，就要求组织作出相应的变革，以适应其变化。例如市场上出现了新的产品、新的服务项目，国家有关法律法规的修订，新工艺、新设备的出现等等，都可能影响产品的改进或会出现新的职业和部门等。

2）内部环境因素。主要有以下几方面：第一，技术条件的变化。例如组织引进新设备后，员工不仅要重新设置工作，还要进行培训，或要求他们形成新的协作方式。第二，人员条件的变化。如人员素质的提高可能影响奖惩制度的修订等。第三，管理水平的提高。随着管理水平的提高，管理层次减少，管理机构和人员要发生精简，就会重新确定机构、确定部门，并划分职权等。另外，对组织实施变革时，一般应按以下四个步骤进行：第一步，确定问题。即找出组织结构存在且需要变革的问题。第二步，组织诊断。即召集有关管理人员和管理专家搜集各方面的资料和情况，对组织结构进行全面分析，以便找出原因。第三步，实施变革。针对问题应考虑各种可行性的变革方案，并对各种方案进行分析、评估，然后确定变革方案，并组织各部门和人员具体实施。第四步，变革效果的评估。就是根据变革实施后的结果，进行评估，做到边改革边评价，并及时调整、完善变革方案，以及最终解决问题。

三、企业的经营环境

企业经营的环境在前面企业经营战略中已大致介绍，本节主要是对企业经营中所遇到的经营机会与经营风险的介绍。

（一）经营机会分析

评价一家企业经营机会的过程，要评价该企业进入行业的吸引力，评估企业业务的竞争力量和业绩潜力，以决定下一步采取什么样的战略行动。

1.识别当前的企业战略

企业需要考虑是否在寻求相关或不相关多元化或二者混合、最近的购并和剥离行动的本质和目的、公司管理试图创建多元化经营的种类等问题。具体来说，企业要考虑以下几个方面：

（1）公司多元化的程度。这可以通过每一项经营业务的销售额和经营利润占总销售额和经营利润的比例来衡量，并要看多元化的基础是宽还是窄。

（2）公司的经营范围是以国内为主，还要考虑国际化、全球化。在企业中增加新业务的决策和在新行业中确立地位的任何决策。

（3）剥离已经失去吸引力的经营业务的决策。

（4）最近采取的增加关键经营业务业绩或提高现存业务经营地位的决策。

（5）管理人员为获取战略匹配利益和利用业务间的价值链关系创建竞争优势。

企业对当前的战略和其合理性有一个清楚的了解，可以弄清业务组合中的强势和弱势，决定是否要对战略进行适当的细微改进或重大变动。

2. 检验行业吸引力

这是要评价公司所在的每一行业的长期吸引力。在评价一个多元化经营公司的业务构成和战略质量时，考虑的一个首要因素是其进入的行业的吸引力。这些行业越具有吸引力，公司的长期利润前景越好。企业必须检查所进入的每一行业，判断它是否是较好的经营领域。这一行业长期增长的前景是怎样的，竞争条件和显现的市场机会是否为长期获利能力提供了好的前景，该行业的资本、技术和其他资源需求是否能与公司的能力很好地匹配。

影响行业长期吸引力的因素如下：

（1）市场规模和表现出的增长率。当然，大的行业比小的行业更有吸引力，快速增长行业比缓慢增长行业更具有吸引力。

（2）竞争强度。竞争相对较弱的行业比竞争较大的行业更具有吸引力。

（3）显现的机会和威胁。不远的将来有着明确的机会和较小威胁的行业比有着不明确的机会和较大的威胁的行业更具有吸引力。

（4）季节和周期性因素。需求相对稳定的行业比购买者需求在年内或年间有较大波动的行业更具有吸引力。

（5）资本需求和其他特殊资源的需求。有着资本需求低的行业比投资需求可能抑制公司财务资源的行业相对更有吸引力。同样，不需要专门技术或独特的生产能力的行业比资源需求超过公司拥有的资源和生产能力的行业更具吸引力。

（6）与公司现在的业务存在战略匹配和资源匹配关系。如果一个行业的价值链和资源需求与公司进入的其他行业的价值链活动以及公司的资源能力存在很好的匹配关系，那么这个行业更有吸引力。

（7）行业获利能力。有着相当高利润和高投资回报率的行业通常比一直是低利润高风险的行业更有吸引力。

（8）社会、政治、法规和环境因素。在消费者健康、安全或环境污染等这类领域存在重大问题或者违反严格规章的行业不如在这类问题上好于多数其他经营的行业更有吸引力。

（9）风险和不确定程度。有着较小的不确定性和经营风险的行业比未来不确定、经营常常失败的行业更具有吸引力。

多元化的公司需要在所从事生产经营活动的各个行业的吸引力做出比较，将资源配置给那些有着最大长期机遇的行业，剥离掉不盈利的行业。

3. 检验竞争力

企业要评估自己的各个经营单位的竞争力，了解它们在各自所处的行业中的状态，以便了解它们在行业中的定位是否正确，是否已经能够成为一名强有力的市场竞争者。进行这种检验，企业可以采用类似于衡量行业吸引力的方法，来评估每个经营单位的竞争力。

（1）相对市场份额。经营单位的相对市场份额是指其市场份额与该行业中最大对手的市场份额的比值。从经济学的角度讲，相对市场份额可以反映出产品的相对成本和大规模生产的经济性。相对市场份额较大的企业可以以更低的单位成本进行生产经营。

（2）成本的竞争力。企业的经营业务在成本方面非常具有竞争力，可以在行业中比那些想要达到与主要对手相同的成本水平的经营业务处于更强的地位。

（3）质量和服务上的能力。公司的竞争力还取决于它的产品在性能、可靠度、服务等重要属性方面是否能满足购买者的期望值。

（4）讨价还价的能力。企业能够对供应者或购买者具有讨价还价的能力，本身就是一个竞争优势的源泉。

（5）技术和革新能力。在企业里有着技术领先地位和革新能力的经营业务，在各自的行业中通常是强有力的竞争者。

（6）经营业务与行业成功关键因素的匹配能力。企业的经营业务的各项资源与行业的关键成功因素越是相匹配，其竞争地位越有利。

（7）品牌与信誉。企业具有很好的产品品牌及声誉也是一项有价值的竞争性资产。

（8）相对于竞争对手的获利能力。企业经营业务连续获得高于平均水平的投资回报，并比对手有着更高的利润率，通常处于强有力的竞争地位。检验竞争力的方法与评价行业吸引力的方法类似，要对每个竞争力衡量标准设置一个权数，表明其相对重要性。权数的总和必须为1.0。可以用1~5或1~10的标准对每个经营业务进行评估。评估值高表示竞争力强，评估值低表示竞争力弱。每项指标再与所设定权数相乘，得到加权的竞争力评估值。多元化的公司正在将他们的资源集中于能够使他们成为强有力的市场竞争者的行业上，并将不太可能成为市场领先者的业务进行剥离。

4. 检验战略匹配

企业通过检验战略匹配来考察各种经营业务价值链中的匹配关系以及其所形成的竞争优势潜力。一般是从两个方面来看匹配关系：第一，企业内有多少经营业务与公司多元化进入的其他业务间有着战略匹配关系；第二，每个经营业务是否与公司的长期战略很好地吻合。当相关多元化公司的各项业务组都具有相关的技术、相似的价值链活动、交叉的分销渠道、共同的顾客或其他一些有价值的联系时，这个公司就可以获得完全不相关多元化的公司所无法得到的竞争优势。多元化经营公司具有战略匹配关系的业务越多，就越能在实现范围经济、增强特殊经营业务的竞争能力、提高其产品和业务的竞争力等方面获得很好的绩效。

5. 检验资源匹配

企业检验自身的资源力量是为了更好地了解现有的资源是否能满足公司现在业务的需求。为此，多元化经营公司各项业务之间需要具有很好的资源与战略的匹配关系。

（1）财务资源的匹配关系。多元化公司中不同的经营业务会有着不同的现金流量和投资特点。公司检测财务资源的战略匹配关系，首先要从现金流量与现金需求方面来把握。处于迅速增长行业中的经营业务经常是"明星"型业务，它们每年的现金流量不能满足每年的资本需求。为了满足"明星"型业务不断增长的需求，保证它成为行业的领先者，企业就需要向其注入所需要的财务资源。"现金牛"型业务处在缓慢增长的行业中，但居于领先地位，而且对资本的需求不大。它们本身能够产生较大的现金流量剩余，足以超过资本再投资以及维持其领导地位等方面的需求。当然，从增长的角度看，"现金牛"型业务常常缺乏吸引力，但从财务资源方面来看，却是有价值的业务。多元化公司要保证"现金牛"型业务具有长期现金增值能力，从而支持其他类型的经营业务。为此，公司需要认真考察哪些业务是"明星"业务，哪些是"现金牛"型业务，使公司的资源可以很好地在各项业务之间转移形成最好的投资组合。其次，公司除了从现金流量方面进行考虑以外，还应该看到如果一项经营业务对于实现公司业绩目标有所贡献，并且能够增加股东价值，它就具有很好的财务匹配关系。

（2）管理资源的匹配关系多元化经营公司在制定战略时必须考虑如何使其资源更好地满足其业务在竞争和管理中的需求，并在两者之间形成很好的匹配关系。在公司所进入的行业中，其业务已经能够成功地开发出所需的竞争力和管理能力时，这种多元化就会增加股东价值。如果这种新的经营业务没有很好的资源匹配关系，公司就需要考虑对它们进行剥离。在多元化的进程中，公司对资源和能力的补充状况也决定了它的竞争能力。公司多元化战略越是将资源和能力集中投入在新的业务上，就越需要建立足够的资源贮备，保证这些业务能够创建竞争优势。否则公司的资源就会被分散，从而失去创建竞争优势的机会。

值得注意的是，很多多元化战略是以将资源能力转移到新业务上为基础的，但这种转移过程并不是那么容易。很多新业务很少能如预期地那样发展，其主要原因如下：

1）企业将一种资源能力由一项业务转移到另一项业务中需要一个学习过程。员工需要很好地把握新业务的知识，并建立相应的团队，保证将新业务所需要的资源能力更好地转移过去。

2）企业在某些经营业务上已经取得了成功，再进入具有同样资源需求的类似的新业务时，往往对成功的希望过于乐观，结果导致失败。

3）企业在新的业务中错误地估计了自己与竞争对手在资源和能力上的差异，不能突破竞争对手形成的进入障碍。

6. 根据历史业绩与未来业绩排序

多元化经营公司在对行业吸引力、竞争力量、战略匹配和资源匹配等方面进行评估以后，需要进一步评价哪些业务业绩前景最佳，哪些业务的业绩前景最差，并进行排序。排序的标准主要是销售增长、利润增长、投资于某项业务的回报以及现金流量增值等。一些企业还可以考虑采用经济附加值作为排序的标准。

7. 确定资源配置顺序与战略方向

根据前面的评价过程所得到的信息和结果，公司可以决定在各种经营业务中进行资源配置的优先顺序，并为每一经营业务设定一个一般的战略方向。在将业务从最高到最低进行排序的过程中，公司要弄清每个经营业务的基本的战略途径，是采用投资和扩张还是积极防御，或者是彻底调整和重新定位等。当公司在决定是否要剥离一个经营业务时，应该通过行业吸引力、竞争力量、与其他业务的战略匹配关系、资源匹配关系、业绩潜力（利润、资本回报、经济附加值、对现金流量的贡献）等评价标准，检验该业务是否与公司战略远景和使命保持一致，如果不能保持一致，企业领导者就需要尽早剥离此业务。

8. 制定新的公司战略

在前面工作的基础上，企业可以完成新的公司战略，在制定公司战略时，没有一个无所不包的万能的公式可以遵循。企业需要通过对未来的研究、试验，收集更多信息挖掘各种选择的能力，确定新的机会，对危机做出防范，充分认识战略相关因素及其重要性。值得注意的是，战略分析并不是多元化经营公司的管理者们马上能够完成的一件事情。研究表明，重大的战略决策通常是逐渐形成的，而不是进行定期、全面的分析，然后迅速决策的结果。最典型的情况是，高层管理常常先有一个过于宽泛的、直觉的概念，随着信息的收集，正规的分析进一步肯定或修正了他们对形势的判断，并且随着对战略行动建立起的信心和共识，他们的最初思路逐渐得到调整、修正和完善。

（二）经营风险

市场犹如战场，机遇与风险并存。，在市场竞争中，风险在所难免，谁也不敢称自己为常胜将军。然而面对风险，有的经营者惊慌失措，使企业走向亏损和倒闭；有的经营者则镇定自若，化风险为良机，反败为胜。因此，现代企业经营管理不仅要认识和捕捉市场发展的机会，而且要防微杜渐，排除潜在和面临的风险，对企业的风险进行有效的防范。经营风险分析已经成为现代企业管理的一个重要研究课题。

1. 企业风险管理及其研究意义

（1）企业风险管理的研究内容。

企业风险管理是对应风险情境而产生的。根据 20 世纪 70 年代以来西方学者风险管理的研究，企业组织面临的风险主要有以下几种：

1）信息风险。市场的瞬息万变、消费者的需求变化、商品供求关系的变动、竞争对策的变换等综合地反映为商情变换，企业家必须准确、及时、灵敏地掌握商情信息，信息失误会给企业带来损失或使企业处于竞争劣势。

2）产品风险。企业家在生产经营决策中，如果在产品的品种、质量、包装、结构，生产经营的程序、技术、布局、规模等方面与市场需求脱节，就会使企业产品缺乏竞争力，造成产品积压，蒙受损失。

3）价格风险。如果受国家政策性价格调整、市场供求关系变动引起价格涨跌、竞争对手间的价格战、相关产品或替代产品的价格波动等外部因素影响，价格制定偏高，就会使企业产品销售困难，造成价格决策失误。

4）商誉风险。企业商誉是指社会公众对企业的整体印象和信誉评价。企业家在组织企业生产经营活动中，某种环节失误或处理不当，如产品售后服务、商品合同恪守、广告宣传、公关活动等方面的疏忽或过失，都可能损害企业商誉，造成企业难以估计的机遇损失。

5）财务风险。企业家在筹资、融资和投资的财务决策中，由于资金市场的变化，利率、汇率的调整变动，债务发行费用、股票市场的波动、投资单位经营状况等诸多因素的影响，使企业财务费用增加，就会出现投资收益减少，财务紧张。

6）资产风险。资产风险是指企业在生产经营活动中，遭受意外事故、人为失职或破坏造成企业资产损失。意外事故指地震、水灾等不可抗力自然灾害给企业造成的资产损失。人为失职指由于玩忽职守造成火灾、交通事故等不应有的财产损失。人为破坏是指采取不正当竞争手段，如窃取商业秘密、诋毁商誉、假冒商标制售伪劣产品而造成的破坏性损失。

7）人才风险。人才风险是指企业生产经营的骨干人才跳槽、下海带走本企业业务关系和经营机密，或不辞而别使企业正常生产经营活动难以为继而造成巨大损失。

（2）企业风险的特点。企业风险的特点有实发性、威胁性、紧迫性、公开性厥正是上述特点，使得风险情境的认识与处理显得十分重要。正确认识和及时处理风险，不仅可以化解风险，而且可以利用其中的潜在机遇；反之，则会削弱企业竞争力，损害企业的利益。目前发达国家者很重视风险管理。相比之下，我国的风险管理无论在理论研究上还是在企业实践中，都显得十分薄弱，因此，加强企业风险管理对我国企业健康发展显得极为重要和迫切。

2. 企业风险管理的理论与方法

所谓风险管理，是指企业为应付各种风险情境所进行的规划决策、动态调整、化解处理及员工训练等活动过程，其目的在于消除或降低风险所带来的威胁和损失，因势利导，把坏事变好事。根据风险的发展过程，通常可将风险管理分为两部分，即风险来临前的预测防范管理和风险来临后的应急善后管理。

（1）风险来临前的预测防范管理。

预测防范管理过程主要包括三个重要环节。

1）居安思危，分析预测可能发生的风险情境。为此，首先需要进行广泛的情报收集工作，然后对已收集的情报进行详细地分析和评估，并将结果迅速上报或分送有关决策者。

2）超前决策，精心策划一项全面的风险防范计划。良好的风险防范管理不仅能够预测可能发生的风险情境，而且要为可能发生的风险做好准备，拟好计划，从而自如应对。制订全面的风险防范计划主要包括以下工作内容：针对引发企业经营风险的可能性因素制订各种风险预案，组建风险管理小组，以便在短时间内集中处理风险；培训专业人员，进行"模拟风险"演习。

3）采取灵活多样的避险经营策略。①多角化经营策略。改变单一品种行业经营方式，实行多元化，以分散市场风险。②联合经营策略。生产与销售企业、产地与销地企业联合经营，实行农工商供销、内外贸一体化，风险共担，改变独家承担经营风险的局面。③市场多域化策略。扩大产品销售辐射面，以避免某一市场变化出现危机而对企业造成损失。④多渠道经营策略。防止单一渠道受阻后产生购进或销售流通不畅。⑤研制产品开发市场策略。运用新技术、新材料，使产品不断升级换代，预防原产品被淘汰而断档的经营风险。

（2）风险来临后的应急善后管理。

1）企业风险应急善后管理的一般规则。要有效地进行风险管理，就必须研究和提示风险管理的一般规则。尽管企业危机多种多样，似乎杂乱无章，但就总体而言，仍然可以发现一些一般规则，这些规则包括：将公众利益置于首位，以企业长远发展为风险管理的出发点迅速成立风险控制中心，加强与公众沟通，争取公众谅解和支持是风险管理的基本对策；总结经验教训，改善企业体系是风险管理的重要内容。

2）企业风险应急善后管理的主要策略方法。①经营风险中止策略。企业要根据风险发展的趋势，审时度势，主动中止承担某种风险损失。如关闭亏损工厂、部门，停止生产滞销产品等。②风险隔离策略。由于风险发生具有连带效应，一种风险处理不当，往往会引发另一种风险。因此，当某一风险产生之后，企业应迅速采取措施，切断这一风险对企业其他经营方面的联系，及时将爆发的危机予以隔离，以防扩散。③风险利用策略。在综合考虑风险的危害程度之后，会得到有利于企业的结果，例如，在市场疲软的情况下，有些企业不是忙着推销、降价，而是眼睛向内，利用风险造成的危机感，发动职工提出合理化建议，搞技术革新，降低生产成本，开发新产品。④风险排除策略。采取措施，消除危机。排除风险的措施按其性质有工程物理法和员工行为法。工程物理法以物质措施排除风险，如通过投资建新工厂和购置新设备改变生产经营方向，提高生产效益。员工行动法是通过企业文化、行为规范来提高士气，激发员工创造性。⑤风险分担策略。将风险承受主体由企业单一承担变为由多个主体共同承担。如采用合资经营、合作经营、发行股票等办法，由合作者、股东来分担企业风险。⑥避强就弱策略。

由于风险损害程度强弱有别，在风险一时不能根除的情况下要选择风险损害小的策略。上述风险处理策略，其内容及作用不尽相同，企业风险管理人员应从实际出发，择优选用，其标准应是"以最少的费用，获得最好的风险管理效果"。

第三节 企业经营计划管理

企业经营计划管理是企业加强资源管理、调控投资规模、实现公司发展战略规划的重要管理措施，是保证公司资产运营安全、经营管理有序、效益稳步提高的重要手段，也是考核各级管理者的重要依据，能够为公司全面提升管理水平提供支撑。

一、企业经营计划的特点与分类

（一）企业经营计划的特点

所谓经营计划，就是指企业根据社会需求和企业拥有的条件，在全面分析和预测企业经营环境变化的基础上，确定企业未来一定时间内的经营目标，并以提高经济效益为中心，编制实现经营目标的各项具体计划，作为指导企业全体职工进行生产经营活动的行动纲领。它具有以下三方面的显著特点：

（1）经营计划是指导企业生产经营活动的综合性计划。它对企业的供、产、销等活动进行统一计划、统一管理。计划的范围是企业生产经营活动的全过程。它是反映和指导企业全部生产经营活动的综合性计划。

（2）经营计划是以提高经济效益为中心的决策性计划。它对企业生产经营活动中的人、财、物等经营要素，进行统筹安排和合理利用，促使企业的生产经营活动既按时实现经营目标，又不断降低产品成本，提高经济效益。

（3）经营计划是以销售计划为起点。它在国家宏观调控下，以满足市场需求为目标，根据市场预测，制订销售计划、生产计划及其他专业计划。

（二）企业经营计划的分类

1. 按经营计划的期限分类

（1）短期计划。短期计划以一年为期，亦称年度计划。短期计划是一种营运计划。

（2）中期计划。中期计划以二年至五年为一期的计划虞中期计划是一种发展计划。

（3）长期计划。长期计划以五年至二十年为一期的计划。长期计划是一种目标计划。

一般企业在任何时间，都应有三套计划，即年度计划，中期计划含年度计划之后二至五年，长期计划含中期计划之后五至十五年或至二十年（较长时间）的远景及可能目标。

2. 按经营计划的作用分类

（1）经营战略计划尊经营战略计划包括：①经营目的，企业为什么要存在、要发展；②经营方针，企业用什么办法存在、发展；③经营目标，企业如何获得发展、盈利。经营战略计划属于领导层编制的计划。

（2）经营战术计划。经营战术计划就是管理计划，有企业的、部门的、专门项目的三种，由相应的职能人员编制。企业一般应该既有经营战略计划，又有经营战术计划。用经营战略计划把握宏观，用经营战术计划指导微观。

3.按计划范围分类

（1）综合计划。综合计划是部门计划的汇总，但绝不是部门计划的简单相加，而是综合平衡计划。

（2）部门计划。部门计划又分为：①单项计划，如开发新产品计划，引进技术计划等；②职能计划，按职能部门编制的计划，如生产、财务、人力、销售部门分别编制的计划。企业一般应该既有综合计划，又有部门计划。用综合计划指导全面，用部门计划安排个别。

4.按经营计划的计量分类

（1）物量计划。物量计划就是用使用价值量计量并表现的计划，包括实物量和劳务量计划。这种计划比较直观，且不受物价的影响，但不同量纲的量不能汇总。

（2）价值量计划。价值量计划就是用货币量计量并表现的计划。这种计划不存在量纲差异的问题，容易汇总，但容易受物价的影响。企业应该既有物量计划，又有价值量计划。用物量计划把握实际工作量的多少，用价值量计划计算收益的多少。

5.按经营计划的内容分类

（1）经济计划。经济计划是反映经营成果和经营效益的计划。

（2）生产技术计划。生产技术计划是为实现经济计划的生产技术配套计划。

（3）作业计划。作业计划是生产技术计划的分解落实和细化。

企业应该既有经济计划，又有生产技术计划，还有作业计划，因为这三种计划的每一个下位计划都是上位计划实现的保证。没有下位计划，上位计划就是无源之水，无本之木。

这些分类不只是从一个角度看，事实上任何计划都有多角度性，如长期经营战略计划，短期经营战术计划，长期物量计划，短期价值量计划等。当然，企业编制何种计划，应该根据生产经营特点和企业状况决定。

二、企业年度经营计划的具体内容

年度经营计划是企业长期经营计划的具体化，包括企业计划年度内生产经营各个环节和各个方面的活动安排。它是企业全体职工在计划年度内进行生产经营活动的行动纲领。

年度经营计划具体包括以下内容：

（1）销售计划。主要规定企业计划期内销售产品的品种数量、销售收入、销售利润及销售方式等。它是编制生产计划及其他计划的主要依据。

（2）生产计划。主要规定企业计划期内生产的产品品种数量、质量、生产进度、生产日期以及生产能力利用程度等。它是编制其他计划的依据，在企业经营计划中占主导地位。

（3）物资供应计划。主要规定企业计划期内各种原材料燃料、动力、工具及配件等物资需要量、合理的储备量及计划期内供应量、供应来源和期限等。它是编制成本材料计划的重要依据。

（4）生产技术准备计划。主要包括企业计划期内产品设计、工艺编制、工艺装备设计与制造、试制、鉴定等内容。

（5）劳动工资计划。主要规定企业劳动生产率提高的程度，为完成生产计划所需要的各类人员的数量、职工的工资总额和平均工资水平等。它是编制成本计划的重要依据。

（6）成本计划。主要包括企业计划期内生产和销售产品所支付的各种成本费用、单位产品成本、可比产品成本降低率等内容。它是编制财务计划的重要依据。

（7）财务计划。它包括现金收支计划预计、资产负债表和预计损益表。现金收支计划，它确定在计划期内需要的资金总量、需要资金的时间和需要资金的性质；预计资产负债表，它反映企业计划期内资金来源与资金运用分配状况；预计损益表，它反映企业计划期内的损益状况，如利润总额集中地反映了企业的财务成果。

企业财务计划既是其他各项计划的综合反映，又是编制其他计划的依据。企业年度经营计划除编制以上主要计划外，还可根据不同企业的经营特点及状况，编制质量计划、科研计划、产品开发计划、生产费用预算及成本计划、设备维修计划、技术改造计划等，通过编制年度经营计划，使企业内各种计划相互衔接，相互协调，形成一个完整的计划体系，指导企业计划期内生产经营活动的顺利进行。

三、企业经营计划的编制、执行与调整

（一）企业经营计划的编制

1. 调查研究，进行企业经营状况分析

进行企业经营状况分析，主要包括市场状况、产品状况、竞争状况、分销渠道状况、

宏观环境状况以及企业内部条件与之适应的程度分析等。通过调研，对企业经营状况进行分析，是制订经营计划的逻辑起点。目的是为深入地摸清市场为企业提供的机会与威胁，以及企业自己的优势与劣势，特别是摸清编制计划的限制性条件，能肯定的尽力予以肯定，对于不肯定的条件则尽量寻找随机概率，使之成为某种程度的肯定。具体地落实前提条件，对搞好计划工作有着重要意义。

2. 统筹安排，确定计划目标

确定计划目标的依据，首先是企业自身的要求，其次是企业的外部环境和内部条件。统筹安排就是对这三个方面进行协调。通过统筹安排，确定经营计划的各项具体目标是编制计划的关键步骤。统筹安排要解决目标之间的协调。目标不论多少，不论主次位置，它们之间客观上存在着联系和制约关系，协调就是保持这种关系，使多种目标成为一个有机的整体。统筹安排还要协调好企业当前与长远的关系。经营计划目标的具体内容，没有统一规定的标准模式，企业应依据编制经营计划的目的以及计划的综合程度而定。

3. 拟订可行方案，比较选优

目标确定后，下一步的工作是拟订达到目标的计划方案。实现任何一个目标，往往可以采取几种不同的办法，形成几个不同的方案。因此计划编制工作在这一步的重点不是急于确定方案，而是提出多种方案以供选择比较。一般来说对各种计划方案的反复比较是对方案的筛选过程。通过筛选选出少数几个方案按照可行性原则，确定最优的或满意的方案为执行计划，这就叫决策。按照决策的性质和决策问题的概率划分，决策可以分为确定性决策、不确定性决策和风险性决策。

确定性决策。确定性决策是指可供选择的每种方案的条件是已知的决策，主要方法有线性规划和盈亏平衡分析两种。线性规划是指在一组约束条件下求得目标函数最大或最小值的方法。盈亏平衡分析也称量本利分析法。它是一种研究业务量（产量、销售量、销售额）、成本和利润之间的函数关系，用来预测利润、控制成本、规划生产的一种分析方法。盈亏平衡分析的关键是确定盈亏平衡点（保本点），方法有产量法（求销售收入等于总成本时的产销量）、销售额法（求销售收入等于总成本时的销售额）和临界收益法（求临界收益等于固定费用时的销售额）。当销售量或销售额超过保本点时，企业就将赢利；低于保本点时，企业将发生亏损。

（2）不确定性决策。不确定性决策是指决策中存在着许多不可控因素，而且各种方案的结果出现的概率又是未知的，只有靠决策者的经验确定一个主观概率而作出的决策。不确定性决策主要采用悲观法、乐观法、后悔值法和折中法。

1）悲观法。又称小中取大法，即将各方案最不利的自然状态概率视为1，其他状态视为零，并以此为条件进行决策。其决策过程是找出每个方案在各种自然状态下最小损益值，取其中大者，其所对应的方案即为合理方案。采用悲观法体现了决策者的稳妥思想和谨慎行为。

2）乐观法。又称大中取大法，即将各方案最有利的自然状态出现的概率视为1，其他状态视为零，以此为条件进行决策。其决策过程是找出每个方案在各种自然状态下最大损益值，取其中大者，其所对应的方案即为合理方案。采用乐观法体现了决策者的勇敢和冒险精神。

3）后悔值法。又称大中取小法，即以最小的最大后悔值作为判断方案优劣的准则。后悔值又称为机会损失值，指的是在一定的自然状态下由于未采取最好的行动方案，失去了取得最大收益的机会而造成的损失。其决策过程是先计算各方案在各种自然状态下的后悔值，列出后悔值表，然后找出每一方案在各种自然状态下后悔值的最大值，取其中最小者，其所对应的方案为合理方案。

（3）风险性决策。风险性决策是指决策者对未来的情况无法作出肯定的判断，各方案执行都有不同结果，各种结果的出现都有一定的概率，无论选择哪个方案都有一定风险的决策。

4.综合平衡，确定计划草案

综合平衡，是使企业的供产销、人财物方面，企业的外部环境与内部条件之间，企业的生产技术与经营管理之间，在时间上要前后衔接，在空间上要相互协调。这是计划编制工作的最后一步，只要前几步工作做好了，匡算平衡已经基本做过，这一步工作就比较容易。但是，容易不等于不重要，也不等于只是简单的事务性计算工作。因为前几步工作总的讲是侧重于和企业外部环境的平衡，而且考虑较粗，因此难免有不周之处。企业内部各部门在落实计划过程中，必然会进一步暴露出衔接平衡中的许多矛盾。因此，综合平衡过程是进一步暴露矛盾解决矛盾和落实计划的过程，甚至还会出现修改计划、调整目标的可能。综合平衡的内容取决于计划的期限和综合程度。综合性的经营计划，平衡内容多些，单项性的经营计划，平衡内容少些；长期计划平衡可以粗一些，短期计划肯定性因素较多，平衡可以细一些。以企业长期综合经营计划为例，平衡的内容可以包括各个计划目标之间的平衡，即利润、销售额、品种、质量、科研、生产能力增长、企业改造、资金等指标的平衡。短期计划应主要考虑产、供、销的平衡，各生产环节的能力及生产进度数量的平衡。

（二）企业经营计划的执行

企业的经营计划中不仅有指标形式的经营目标，而且还有目标形式的经营目标（即用文字形式表示的）。这类计划如果不能顺利贯彻执行，就很可能落空，从现有的国内外经验看，贯彻执行这类计划的特殊方式是方针展开（即方针落实）和目标管理。

1. 方针展开

所谓方针展开，就是按照方针及目标的要求，对一切与执行方针有关的部门、单位，提出进一步具体的要求，使之形成一个系统，确保方针和目标的实现。由于各种方针内容不同，所以方针展开并没有一个标准模式，各企业也不完全一样，关键是运用系统理论和系统分析方法，围绕方针的展开构成一个相互联系、相互制约、分层次、分主次的系统。所以说，方针展开就是方针落实。

2. 目标管理

所谓目标管理，是指企业的最高领导层根据企业面临的形势和社会需要，制定出一定时期内企业经营活动所要达到的总目标。然后层层落实，要求下属各部门主管人员以至于每个员工根据上级制定的目标，分别制定目标和保证措施，形成一个"层层包保"的体系，并把目标的完成情况作为各部门或个人考核的依据。通过目标管理就可以对全体员工进行有效的管理，这主要是因为：目标管理为企业各级人员规定了目标；目标管理使对各级管理人员的考核有了客观标准；目标管理是分权制的结果；目标管理强调"自我控制"，没有方向一致的目标来指导每个人的工作，企业规模越大、人员越多时，发生冲突和浪费的可能性就越大。每个职工的目标就是企业总目标对他的要求同时也是这个职工对企业总目标的贡献。企业各级领导对下级的考核，也是依据这些分目标。如果每个职工和主管人员都完成了自己的分目标，则整个企业的总目标就有可能达到，企业战略就会成功实现。

（三）企业经营计划的调整

企业经营计划在执行过程中还会发生变化，尤其是长期综合性的经营计划变动会更多。变动是一种正常现象，因为在编制计划时，不确定因素较多，往往存在着考虑不周的地方，加上企业外部环境变化多端，所以及时地、主动地调整计划是十分必要的。计划调整内容有小有大，从调整个别措施、策略、进度项目、方针、目标，以至整个计划，甚至重新决策和计划。计划调整有主动和被动之分。被动调整损失大，有时甚至形成事后追认，使计划失去指导作用。主动调整不仅损失小，而且往往会获得更好的收益。所以应当主动调整，而且是有计划地主动调整。

主动调整计划有两种方法：一种是滚动计划法，另一种是启用备用计划法。滚动计划法，就是在编制计划时，逐年、逐季或逐月往后推移连续滚动编制。既根据一定时期计划执行情况，又考虑到企业内外环境条件出现的变化，定期地调整修改原计划，并相应地再将计划顺延一个时期并确定顺延期的计划内容。

滚动计划法虽然在计划编制方面工作量加大，但其优点十分明显。滚动计划法的优点是：第一，缩短了计划期，提高了准确性，能更好地保证计划的指导作用，提高了计划质量。第二，能使长期计划、中期计划和短期计划相互衔接协调，使各期计划基本保持一致。第三，大大增加了计划的弹性，这对环境激烈变化的今天尤其重要，它可以及时地预测环境的变化，并采取应对措施，从而提高企业的应变能力。

但是，有些单项性经营计划，如品种发展计划、企业改造计划以及综合性经营计划，其变动因素及对计划的冲击影响不是表现在产量、销售额或进度的变动，而是涉及项目、方针甚至目标的变动。在这种情况下，滚动计划法就不适用了，应采用备用计划法。启用备用计划法，就是在编制计划时，除正式计划之外，企业针对外部环境的变化趋势，对估计发生概率较高并对企业生产经营影响大的"意外事件"，拟订若干个备用计划或"应急计划"。当客观条件变化，原执行计划不适应时，应停止原计划，启用与客观条件相适应的备用计划，以应付这种变化。

第四节　企业市场营销管理

市场营销活动是在一定经营观念指导下进行的。因此，准确把握市场营销的核心概念，正确认识市场营销管理的实质与任务，全面理解现代市场营销观念的内涵，对于搞好市场营销、加强企业经营管理、提高经济效益具有重要意义。

一、市场营销与市场营销管理

（一）市场营销的基本概念

1. 市场的概念

市场是社会分工和商品交换的场所。站在不同的角度对市场有不同的看法。站在商场交换中卖方的角度看，市场是某种商品的现实购买者和潜在购买者的集合。现实购买者是指正在发生购买行为的人，潜在购买者是指对某种商品既有购买欲望又有购买能力的、只是由于其他原因而未发生购买行为的人。这个定义强调了购买欲望、购买力、人口是构成市场的三个要素。这种关系可用下列公式表示：

市场＝购买欲望＋购买力＋人口市场。

这三个因素是相互制约的、缺一不可的，只有三者结合起来才能构成现实的市场，才能决定市场的规模和容量。例如，一个国家或地区人口众多，但收入很低，购买力有限，则不能构成容量很大的市场。只有人口既多、购买力又高，才能成为一个有潜力的大市场。但是如果产品不适合需要，不能引起人们的购买欲望，对销售者来说仍然不能成为现实的市场。所以，市场是上述三个因素的统一。

2. 市场营销的概念

市场营销是关于构思、货物和服务的设计、定价、促销和分销的规划与实施过程，目的是创造能实现个人和组织目标的变换。市场营销这个定义可归纳为下列几个要点：

（1）市场营销的最终目标是"满足组织或个人的需求"。

（2）交换是市场营销的核心，没有交换的过程就无法满足组织或个人的需求。交换是指主动、积极地寻找机会。

（3）交换过程是否顺利取决于一系列的"计划及执行活动"。（4）市场营销反映的是一种观念。

3. 市场营销学

市场营销学是一门以经济科学和现代管理理论为基础研究，以满足消费者需求为中心的企业市场营销活动及其规律性的综合性应用科学拓它是在 20 世纪初从经济学母体中分离出来的，但是现代市场营销学不是一门经济科学，而是一门应用科学，属于管理学的范畴。市场营销学的研究对象，是以满足消费者需求为中心的企业市场营销活动及其规律性。

具体来讲市场营销学要研究作为卖主的企业如何在动态市场上有效地管理其与买主的交换过程和交换关系及相关的市场营销活动过程。根据市场营销学的研究对象市场营销学主要研究的是在买方市场的条件下企业为了实现其目标以购买者需求为中心而展开的营销活动的原理、策略和方法。具体来说，市场营销学研究的内容包括：

（1）市场研究。市场是营销活动的舞台，开拓市场不断提高营销成果，首先必须研究市场的概念、特征、类型、功能及作用，市场营销环境对企业营销活动的影响，等等。

（2）购买者行为特征研究。市场营销活动的对象是购买者，因此市场营销学必须研究消费者的需求特征、影响因素，分析购买者的购买动机和购买行为，掌握购买者的支付能力和购买取向，以利于相应地制定营销战略，充分满足消费者的现实需求和潜在需求。

（3）营销战略与策略研究。企业营销战略与策略是否对路，对企业市场营销活动能否顺利进行有决定性的意义。因此，必须研究企业的市场竞争战略、市场细分和目标市场战略、产品策略、价格策略、分销策略和促销策略等。

（4）营销组织与营销控制研究。为保证企业营销活动的成功，企业应在组织、协调、计划、控制等方面采取相应的措施，这就是营销组织与控制所研究的内容。

除上述四个方面基本内容外，为适应经济全球化的需要，企业还应研究分析国际市场的类型和特点，掌握国际市场营销规律以及调查和选择开拓国际市场的策略等。

（二）市场营销观念

企业的市场营销活动是在特定的市场营销观念或经营观念指导下进行的。所谓市场营销观念，就是企业在开展市场营销活动的过程中，在处理企业、顾客和社会三者利益关系时所持的态度、思想和观念。了解市场营销观念的演变对于企业更新观念、积极开拓市场，具有十分重要的意义。企业市场营销观念可归纳为五种，即生产观念、产品观念、推销观念、市场营销观念和社会营销观念。其中，前三者称为传统观念。

1. 传统观念

（1）生产观念。生产观念是在卖方市场下形成的。生产观念认为消费者喜欢那些可以随处买得到而且价格低廉的产品，企业应致力于提高生产效率和分销效率，扩大生产、降低成本以扩展市场。显然，生产观念是一种重生产、轻营销的营销哲学。

（2）产品观念。产品观念认为消费者最喜欢高质量、多功能和具有某种特色的产品，企业应致力于生产高质产品，并不断加以改进。这种观念产生于市场产品供不应求的"卖方市场"形势下。最容易滋生产品观念的场合，莫过于当企业发明一项新产品时，此时企业最容易把注意力放在产品上，而不是放在市场需求上，在市场营销管理中缺乏远见，只看到自己的产品质量好，看不到市场需求在变化，致使企业经营陷入困境。

（3）推销观念。推销观念产生于由"卖方市场"向"买方市场"的过渡阶段，该观念认为消费者通常都有一种购买惰性或抗衡心理，如果听其自然，消费者一般就不会足量购买某一企业的产品，因此企业必须积极推销和大力促销，以刺激消费者大量购买本企业的产品。

2. 市场营销观念

从本质上说市场营销观念是一种以顾客需要和欲望为导向的经营哲学，是消费者主权论在企业市场营销中心的体现。市场营销观念认为，实现企业各项目标的关键，在于正确确定目标市场的需要和欲望，并且比竞争对手更有效地传递目标市场所期望的物品或服务，进而比竞争者更有效地满足目标市场的需要与欲望。西维多？莱奥特在对推销观念和市场营销观念做过深刻的比较后指出：推销观念注重卖方需要，市场营销观念则注重买方需要，推销观念以卖方需要为出发点，考虑如何把产品变成现金，而市场营销观念则考虑如何通过制造传递产品以及与最终消费产品有关的所有事物来满足顾客需要。

3. 社会营销观念

社会营销观念是对市场营销观念的修改和补充，它产生于 20 世纪 70 年代西方国家出现的能源短缺、通货膨胀、失业率上升、环境污染严重、消费者保护运动盛行的新形势下。它鉴于市场营销观念回避了消费者需要、消费者利益和长期社会福利之间隐含着冲突的现实。社会营销观念认为企业的任务是确定各个目标市场的需要、欲望和利益并以保护或提高消费者和社会福利的主要方式，比竞争者更有效、更有利地向目标市场提供能够满足其需要、欲望和利益的物品或服务。它要求市场营销者在制定营销政策时，要统筹兼顾企业利润、消费者需要的满足和社会利益三者之间的关系，因此包括世界卫生组织和世界银行在内的很多国际组织也认为这一观念的应用是推广具有重大意义的社会目标的最佳途径。

（三）市场营销管理

在现代市场经济条件下企业为了实现战略计划规定的各项任务、目标，必须重视市场营销管理，根据市场需求的现状与趋势，制订计划，配置资源，通过有效地满足市场需求来赢得竞争优势求得生存和发展。

1. 市场营销管理的含义

市场营销管理是指企业为了实现战略计划规定的各项任务、目标，创造、建立和保持与目标市场之间的互利交换的关系，而对设计的营销方案进行分析、计划、执行和控制。市场营销管理的任务就是为促进企业的目标实现而调节需求的水平、时机和性质，其实质就是需求管理。

2. 市场营销管理的任务

根据需求水平、时间和性质不同，可归纳出八种不同的需求状况。在不同的需求状况下，市场营销管理的任务有所不同。

（1）负需求。负需求是指绝大多数对某种产品感到厌恶，甚至愿意出钱回避它的一种需求状况。在负需求情况下，市场营销管理的任务是改变市场营销，即分析市场为什么不喜欢这种产品以及是否可以通过产品重新设计、降低价格和积极的促销方案来改善市场的信念和态度，将负需求转变为正需求。

（2）无需求。无需求是指目标市场对某种产品毫无兴趣或漠不关心的一种需求状况。在无需求的情况下，市场营销管理的任务是刺激市场营销，即通过大力促销及其他市场营销措施，努力将产品所能提供的利益与人的自然需要和兴趣联系起来。

（3）潜伏需求。潜伏需求是指相当一部分消费者对某种产品有强烈的需求，而现有产品或服务无法使之满足的一种需求状况。在潜伏需求情况下，市场营销管理的任务是开发市场营销，即通过开展市场营销研究和潜在市场范围的测量，进而开发有效的物品和服务来满足这些需求，将潜伏需求变为现实需求。

（4）下降需求。下降需求是指市场对一个或几个产品的需求量呈下降趋势的一种需求状况。在下降需求的情况下，市场营销管理的任务是重振市场营销，即分析需求衰退的原因，进而开拓新的目标市场，改进产品特色和外观，或采用更有效的沟通手段来重新刺激需求，使老产品开始新的生命周期，并通过创造性的产品再营销来扭转需求下降趋势。

（5）不规则需求。不规则需求是指某些物品或服务的市场需求在一年的不同季节，或一周的不同日子，甚至一天的不同时间内上下波动很大的一种需求状况。在不规则需求的情况下，市场营销管理的任务是协调市场营销，即通过灵活定价、大力促销及其他刺激手段来改善需求的时间模式，使物品或服务的市场供给与需求在时间上协调一致。

（6）充分需求。充分需求是指某种物品或服务的目前需求水平和时间等于预期的需求水平和时间的一种需求状况。在充分需求的情况下，市场营销管理的任务是维持市场营销，即努力保持产品质量，经常测量消费者满意程度，通过降低成本来保持合理价格，并激励推销人员和经销商大力推销，千方百计维持目前需求水平。

（7）过量需求。过量需求是指某种物品服务的市场需求超过了企业所能供给或所愿供给水平的一种需求状况。在过量需求状况下，市场营销的任务是降低市场营销，即通过提高价格、合理分销产品、减少服务和促销等措施暂时或永久地降低市场需求水平，或者是设法降低盈利较少的市场的需求水平。

（8）有害需求。有害需求是指市场对某些有害物品或服务的一种需求状况。对于有害需求，市场营销管理的任务是反市场营销，即劝说喜欢有害产品或服务消费者放弃这种需求，大力宣传有害产品或服务的严重危害性，大幅度提高价格以及停止生产供应等。

3.市场营销管理过程

所谓市场营销管理过程，就是企业为实现其任务和目标而发现、分析、选择和利用市场机会的管理过程。更具体地说，市场营销管理过程包括如下步骤：分析市场机会、选择目标市场、设计市场营销组合、管理市场营销活动。

分析市场机会。市场营销学认为寻找和分析评价市场机会是市场营销管理人员的主要任务，也是市场营销管理过程的首要步骤。在现代市场经济条件下，由于市场需要不断变化，任何产品都有其生命周期，所以每一个企业都必须经常寻找、发现新的市场机会。企业营销管理人员可以通过收集市场信息分析产品市场矩阵和进行市场细分等方法发现市场机会。但市场机会能否成为企业机会还要看市场机会与本企业的任务、目标和资源条件是否相一致，因此市场营销人员不但要善于发现市场机会，还要善于对所发现的某种市场机会加以评价。

选择目标市场。市场营销管理人员在寻找和评价市场机会，除了要广泛地分析、研究市场营销环境和大体了解市场特点之外，还要进行市场营销研究和信息收集工作、市场测量和市场预测工作，据此决定应当生产经营哪些新产品、决定企业应当以哪个或哪些市场为目标市场。选择目标市场的原因是企业没有能力也没有必要把整个市场作为自己的目标市场。

设计市场营销组合。市场营销组合是企业市场营销战略的一个重要组成部分。所谓市场营销战略，就是企业根据可能机会选择一个目标市场试图为目标市场提高一个有吸引力的市场营销组合，而市场营销组合所包含的变量主要有以下四种：产品、价格、渠道和促销。由于这些变量的组合通常是由市场营销人员来决定的，所以它们也通常被称为"可控变量"。其中每一个策略又包含了许多相关的决策因素，各自又形成一个组合。

管理市场营销活动。管理市场营销活动即市场营销的组织、执行和控制。营销工作的执行是指营销各职能部门按照计划的需要去完成各项营销工作；营销工作的组织是指根据企业市场营销工作的要求去组织市场营销资源，建立市场营销组织。营销工作的控制是指企业在市场环境发生变化时为确保营销目标的实现采取相应的信息反馈和控制措施，它一般包括年度计划控制、盈利性控制和策略控制三个方面。管理市场营销活动是市场营销过程中一个关键的、极其重要的步骤。

二、购买者行为分析

市场营销的客体是购买者，市场营销的本质就是发现并满足购买者的需求，因此购买者行为研究是市场营销的重要内容。

（一）消费者市场及其购买行为

消费者市场是指所有为了个人消费而购买物品的个人和家庭所构成的市场，它是现代营销理论研究的主要对象。

1. 影响消费者购买行为的因素

消费者购买行为是指个人或家庭为满足自己生活需要而购买商品的行为。这种行为的特点是缺乏对所购买商品的专业知识的了解、感情色彩很浓、易受外界因素影响等。影响消费者购买行为的因素大致可分为社会文化因素、心理因素以及企业因素三类。

（1）社会文化因素。任何一个消费者都是在一定的社会环境中生活，其购买行为要受到社会文化因素的影响，这些因素主要有：①文化。文化是人们与自然界的斗争以及人们相互交往和长期历史发展过程中形成和积累的财富，它是人类欲望和行为最基本的决定因素，具有通过学习能代代相传的特点，它对购买行为的影响最广泛并且时间也最长。②社会阶层。社会阶层是指一个社会中具有相对的同质性和持久性的群体，它们是按等级排列的，每一阶层的成员具有类似的消费观、兴趣爱好和行为方式。③相关群体。相关群体是指那些直接或间接影响人的看法和行为的群体。相关群体对消费者购买行为的影响表现在：第一，相关群体为消费者展示新的行为模式和生活方式；第二，由于消费者有效仿相关群体的愿望，因而消费者对某些事物的看法和对某些产品的态度也会受到相关群体的影响；第三，相关群体促使人们的行为趋于某种"一致化"，从而影响消费者对某些产品和品牌的选择。④家庭。家庭是社会组织的一个基本单位，它对消费者购买行为有着重要的影响。家庭对消费者购买行为的影响，首先要分析家庭中每个成员在购买决策中的作用和影响；其次要分析家庭生命周期。

（2）心理因素。

消费者购买行为要受动机、知觉、学习以及信念与态度等主要心理因素的影响。①动机。动机是一种升华到足够强度的需要，它能够及时引导人们探索满足的目标。动机可分为两大类：一是生理需要，它是一种物质满足的需要，是由生理状态引起的；二是心理需要，它包括对尊重和自尊的需要，是由心理状态引起的。②知觉。知觉是指个人选择、组织并解释信息的投入，以便创造一个有意义的过程，它不仅取决于刺激物的特征，而且依赖于刺激物同周围环境的关系以及个人所处的状况。人们之所以对同一刺激物产生不同的感觉，是因为人们要经历选择性注意、选择性曲解和选择性记忆三种知觉过程。③学习。学习是指由于经验而引起的个人行为的改变。一个人的学习是通过驱使刺激物、诱因、反应和强化的相互影响而产生的。由于市场营销环境的不断变化，新产品、新品牌不断涌现，消费者必须经过多方收集有关信息之后才能作出购买决策，这本身就是一个学习过程。④信念与态度。信念是人们对某些事物所持有的描述性的思想。人们往往依据自己的信念采取行动，若某些信念是错误的，且妨碍了购买行为，营销人员就应运用促销活动去纠正这些错误的信念；态度是人们对事物所持的持久性和一致性的评价及反应。它体现一个人对某种事物所具有的特殊感觉或一定倾向。态度影响着消费者的购买方式。消费者态度形成有三个来源：一是消费者对商品或企业的直接接触；二是受到其他消费者的影响；三是个人生活经历和家庭教养。

（3）企业因素。企业作为市场营销的主体，其行为每时每刻都受到消费者的关注。如果某个消费者对企业产生好感并形成有利的舆论，就会踊跃地购买企业的产品。因此企业在分析影响消费者行为因素时，切不可忽视自身因素对消费者行为的反作用。影响消费者行为的企业因素，主要有企业形象、产品形象和企业的销售服务工作三个方面。

2. 消费购买行为类型

根据参与者介入程度和品牌间的差异性，可将消费者购买行为分为四种类型：习惯型购买行为。这是一种简单的购买行为。对于价格低廉、购买频率较高的商品，消费者已熟知商品特性和各主要品牌特点，并已形成品牌偏好，因而不需要经过寻找、搜集有关信息、评价产品特点等复杂过程。多变型购买行为。有些品牌差异明显促使消费者并不愿意花长时间来选择和评价，而是不断变换所购商品的品牌，这样做并不是因为对商品不满意而是为了寻求多样化。和谐型购买行为。消费者购买差异性不大的商品所采用的一种购买行为。由于商品本身差异性不明显，消费者一般不必花费很多时间去收集并评估不同品牌的各种信息，而主要关心的是价格是否优惠，购买时间、地点是否便利等。和谐型购买行为从引起需要和动机到决定购买所用的时间较短。复杂型购买行为。消费者初次购买差异性很大的耐用消费品时发生的购买行为。购买这类商品时通常要经过一个认真的考虑过程，要广泛收集各种相关信息，对可供选择的品牌反复比较，建立起品牌信念，形成对各个品牌的态度，最后作出购买决策。

3. 消费者购买决策过程

在复杂购买行为中，消费者购买决策过程由引起需要、搜集信息、评估比较、购买决策、购后感受五个阶段构成。

引起需要。引起需要是购买过程的起点。当购买者感觉到一种需要并准备购买某种商品以满足这种需要时，购买决策过程就开始了。而消费者的需要往往由内部刺激和外部刺激引起的，因此市场营销者应不失时机地采取适当措施唤起和强化消费者的需要。

搜集信息。如果唤起的需要很强烈，可满足需要的商品易于得到，消费者就希望马上满足他的需要。但在多数情况下，消费者的需要并非立即就能获得满足，他必须积极寻找或搜集信息，以便尽快地完成从知晓到确信的心理程序，作出购买决策。消费者一般从个人来源、商业来源、公众来源和经验来源四个方面获取信息。因此，市场营销者既要千方百计地做好商品广告宣传吸引消费者的注意力，又要努力搞好商品陈列和说明，使消费者迅速获得对企业有利的信息。

评估比较。消费者得到的各种有关信息，可能是重复的甚至是互相矛盾的，因此要进行分析、评估和比较，这是决策过程中的决定性环节。消费者的评估选择过程有以下几点值得营销者注意：第一，产品性能是购买者所考虑的首要问题；第二，不同消费者对产品的各种性能给予的重视程度不同或评估标准不同；第二，消费者中既定的品牌信念与产品的实际性能可能有一定的差距；第四，消费者对每个产品的每一属性都有一个效用函数；第五，多数消费者的评估过程是将实际产品同自己理想中产品相比较。据此营销者可取如下对策，以提高自己的产品被选中的概率：第一，修正产品的某些属性，使之接近消费者理想的产品；第二，改变消费者的心目中的品牌信念，通过广告和宣传报道努力消除不符合实际的偏见；第二，当消费者对竞争品牌的信念超过实际时，可通过比较性广告，改变消费者对竞争品牌的信念；第四，通过广告宣传改变消费者对各种性能的重视程度，设法提高自己产品优势性能的重要程度，引起消费者对被忽视的产品性能的注意；第五，改变消费者心目中的理想产品的标准。

购买决策。这是购买者决策过程的中心环节。消费者的购买决策是许多项目的总抉择，包括购买何种产品、何种品牌、何种款式、数量多少、何时购买、何处购买、购买价格、何种付款方式等等。购买决策通常有三种情况：一是消费者认为商品符合自己的要求和购买能力决定立即购买；二是认为商品的某些方面不能完全满意而延期购买；三是对商品不满意而决定不买。由于购买决策是消费者购买行为的关键阶段，营销者在这一阶段，一方面要向消费者提供更多更详细的商品信息，以便消费者消除各种疑虑；另一方面要通过各种销售服务，方便消费者选购促进消费者作出购买本企业产品的决策。

购后感受。购后感受是消费者对已购商品通过自己使用或他人评估，对满足自己预期需要的反馈，重新考虑购买这种商品是否正确、是否符合理想等从而形成的感受。这种感受，一般表现为满意、基本满意和不满意三种情况。消费者购后感受的好坏，会影响到消费者是否重复购买并将影响他人购买问题，对企业信誉和形象关系极大。因此企业要注意及时搜集信息，加强售后服务，采取相应措施，进一步改变消费者购后感受和提高产品的适销对路的水平。

（二）组织市场及其购买行为

组织市场是由各种组织机构形成的对企业产品和服务需求的总和。它可分为三种类型，产业市场、中间商市场和政府市场。组织市场购买行为是指各类正规组织机构确定其对产品和服务的需要，并在可供选的品牌与供应商之间进行识别、评价和挑选的决策过程。与消费者市场购买行为相比组织市场购买行为具有以下几个特点：一是派生需求。组织需求是一种派生需求，即组织机构购买产品是为了满足其服务对象的需要，也就是说组织机构对产品的需求，归根到底是消费者对消费品的需求中派生出来的。二是多人决策。组织市场购买决策过程参与者往往不只是一个人而是由很多人组成，甚至采购经理也很少独立进行决策。三是过程复杂。由于购买金额较大、参与者较多、产品的技术性能较为复杂，所以组织购买行为过程持续的时间较长。四是提供服务。一般来说物质产品本身并不能满足组织购买者的全部需求，企业还必须为之提供技术支持、人员培训、信贷优惠等条件与服务。

1. 产业市场购买行为

所谓产业市场，又称生产者市场，它是指一切购买产品和服务并将之用于生产其他品或服务以供销售、出租或供应给他人的个人和组织。

（1）产业购买者的行为类型。

产业购买者的行为类型大体有以下三种：①直接采购。即产业用户的采购部门根据过去和许多供应商打交道的经验从供应商名单中选择供货企业，并直接重新订购过去采购过的生产用品。这种情况下，原供应商应尽力保持产品质量和服务水平，为顾客提供各种便利稳定供求关系；新的竞争者机会较少，可从零星小额交易开始逐步扩大，以争得一席之地。②修正重购。即产业用户为了更好地完成采购任务修订采购方案，改变产品的规格、型号、价格等条件或寻求更合适的供应者的行为。这种情况下，采购业务比较复杂，原来的供应者为了不失去这个客户．必须尽力改进供应工作，新的供应者则有较多的竞争机会。③新购段产品用户第一次对某种产品或劳务的采购，这是最复杂的采购业务。新购的金额和风险愈大，则参与决策的人愈多，所需了解的信息也愈多。这种情况下，对新供应者是最好的竞争机会，可派出专业推销人员携带样品或样本上门推销，尽量提供必要信息，帮助用户解决疑问促成交易。

（2）产业购买者购买决策的影响因素。产业购买者进行购买决策时受到一系列因素影响，其中最主要的影响因素有：

1）环境因素。市场营销环境和经济前景对产业用户的发展影响甚大，它影响着产业用户的采购计划。环境因素主要包括社会经济状况、原材料供应状况和国家政策等。

2）组织因素。组织因素是指用户的营销目标、采购政策、工作程序、组织结构和管理体制等。

3）人际因素。产业用户采购中心通常包括使用者、影响者、采购者、决策者和信息控制者。由于这五种参与者在企业中的地位、职权、说服力以及他们之间的关系有所不同，因此人际因素必将影响产业购买者的购买决策和购买行为。

4）个人因素。产业购买者行为是组织行为但最终还是由若干个人作出决策并付诸实施。参与采购决策的成员，难免受个人因素的影响。

（3）产业购买者决策过程。产业购买者购买过程阶段的多少取决于产业购买者行为类型程度。在新购这种最复杂情况下，购买过程需经过以下几个阶段：

1）提出需要。这是采购决策过程的开始。提出需要一般是由内部或外部刺激所引起的。内部刺激主要是由于产品、设备、原材料等方面的需要而引起。外部刺激主要是由于企业外部环境的变化而引起的需要。

2）确定需要口所谓确定需要，是指把所需产品种类的特征和数量，从总体上确定下来。对于标准品，确定需要比较简单；对于复杂品种，采购人员要和使用者、工程师等共同研究，确定所需品种的特征和数量。

3）说明需要。总体需要确定后，要指定专家小组，对所需品种进行价值分析，详细说明所需产品的规格、型号等技术指标。

4）查询供应者。在新购情况下，采购复杂的、价值高的品种，需要花较多时间物色供应者。采购人员通常采用工商名录或其他资料查询供应者。

5）征求供应信息。找到备选供应者后，采购经理请他们寄来产品说明书、价目表等有关信息资料，以便作出购买决策。

6）选择供应者。采购者在收到各个供应者的有关资料后根据供应者的产品质量、产品价格、信誉、及时交货能力、技术服务等来评价供应者，选择最具吸引力的供应者。

7）发出正式订单。用户选定供应者以后，就会发出正式订单，写明所需产品的规格数量、要求交货的时间、保修条件等。

8）评估履约情况。用户购买产品后，其采购部门就会主动与使用部门联系，了解所购产品的使用情况，询问使用者的满意程度，考察各个供应者履约情况，以决定今后对供应者的态度。

2. 中间商市场购买行为

所谓中间商市场，是指那些通过购买商品和服务并将之转售或出租给他人来获取利润的个人和组织。虽然中间商的购买行为与购买决策同样受到环境因素、组织因素、人际因素和个人因素的影响。但中间商购买行为与决策仍有一些不同之处。

（1）中间商购买行为主要类型。中间商的购买行为可分为以下三种类型：

1）购买全新品种，即中间商第一次购买某种从未采购过的新品种。在这种情况下，中间商根据其市场前景好坏、买主需求强度、产品获利的可能性等方面因素决定是否购买。

2）选择最佳供应商，即中间商对将要购买的品种已经确定，但需考虑选择最佳的供应商，确定从哪家卖主进货。

3）寻求更佳的供货条件，即中间商并不想更换供应商，但试图从原来供应商那里获得更为有利的供货条件，如更及时的供货、更合适的价格、更积极的促销合作等。

（2）中间商的主要购买决策。

中间商的主要购买决策包括配货决策、供应商组合决策和供货条件决策。配货决策是指决定拟经营的花色品种，即中间商的产品组合；供应商组合决策是指决定拟与之从事交换活动的各有关供应商；供货条件决策是指决定具体采购时所要求的价格、交货期、相关服务及其他交易条件等。在上述决策中，最基本最重要的购买决策是配货决策。中间商的配货策略有以下四种：①独家配货，即中间商决定只经营某一家制造商的产品。②专深配货，即中间商决定经营许多制造商生产的同类产品的各种型号规格。③广泛配货，即中间商决定经营种类繁多、范围广泛，但尚未超过行业界限的产品。④杂乱配货，即中间商决定经营范围广泛且没有关联的多种产品。

3. 政府市场购买行为

所谓政府市场，是指那些为执行政府职能而采购或租用商品的各级政府单位，即一个国家政府市场上的购买者是各级政府的采购机构。由于各国政府机构要经常采购物资和服务，因而形成了一个很大的市场。因此研究政府市场购买行为对于满足政府市场需求扩大企业销售收入具有重要意义。

（1）政府采购的基本原则。

为加强对政府采购的管理，提高财政资金的使用效益，促进公开交易，政府采购应遵循如下基本原则：

1）公开、公平、公正和效益。为维护社会公共利益促进和保障国家有关法律、法规和社会经济政策的贯彻执行，政府采购应遵循公开、公平、公正和效益原则。

2）勤俭节约。勤俭节约原则要求政府采购应制定采购物资和服务的标准，并严格执行标准不得超标准采购。

3）计划。计划原则要求采购主管部门应当根据经批准的预算和其他财政性资金的使用计划编制和公布采购计划。

（2）政府采购方式。

政府采购方式包括招标、竞争性谈判、邀请报价、采购卡、单一来源采购或者其他方式，其中招标是政府采购的主要方式。招标有公开招标和邀请招标两种形式。公开招标应当按照采购主管部门规定的方式向社会发布招标公告，并至少要有三家符合投标资格的供应商参加投标，即邀请指标应当向三家以上的供应商发出投标邀请书并至少有三家供应商参加投标。招标必须按规定程序进行，招标主要程序如下：

1）发布招标公告或招标邀请书。公开招标的招标机构应在投标截止日期之前发布招标公告；邀请招标的，招标机构应当于投标截止日之前发布招标邀请书。招标公告或招标邀请书应包括招标项目的名称、数量，供应人的资格，招标文件的发放办法和时间，投标时间和地点等内容。

2）开标、评标与现场竞标。招标机构应当在投标截止日后以公开方式开标。开标时招标机构应当邀请评标委员会成员、供应商代表和有关单位代表参加。评标委员会应当严格遵守评标规则依法公正地履行职责，依据招标文件进行审批和比较，在满足招标文件各项要求的情况下以低于标底的最低投标价者中标。对于技术上无特殊要求的采购项目，可以采用现场竞投方式。现场竞投时，以采购人确定的标底为起叫价，供应商竞相叫价，高于起叫价的应价无效，低于起叫价的最低应价者中标。

3）签订采购合同与支付价款。招标活动结束后，采购人和中标人应当按照《中标通知书》指定的时间、地点并根据招标文件中和中标的投标文件签订采购合同，办理支付现款手续。

4）监督检查。采购主管部门应当加强对政府采购的监督，定期对政府采购进行检查。检查内容包括：采购方式和程序是否符合法律规定；采购活动是否依采购计划进行；采购目的是否符合政府规定；采购合同的履行情况等。

三、市场营销调研与市场预测

市场营销的目的是通过比竞争对手更好地满足市场需求赢得竞争优势，进而获得合理的利润。要做到这一点就必须开展市场营销调研，广泛收集市场营销信息，并据此制定市场营销战略决策。

（一）市场营销信息系统的构成

所谓市场营销信息系统是指一个由人、计算机和程序所构成的持续相互作用的结构，其任务是准确及时地对有关信息进行收集、分类、分析、评估和分发，以便市场营销管理人员用来制定市场营销计划，并保证计划的有效实施和控制。市场营销信息系统由内部报告系统、市场营销情报系统、市场营销调研系统和市场营销分析系统等子系统构成。

（1）内部报告系统。内部报告系统是最基本的信息系统，该系统的主要工作是向管理人员提供销售、成本、存货、现金流量、应收账款等各种反映企业现状的信息。市场营销管理人员必须以产品、地区、推销员为基础进行分类，深入分析有关目前与过去销售及成本信息。

（2）市场营销情报系统。它是市场营销管理人员用以了解有关外部环境发展趋势的信息的各种来源与程序。借助该系统将环境最新发展的信息传递给有关的管理人员。

（3）市场营销调研系统。市场营销调研系统主要任务是收集、评估、传递管理人员制定决策的必需的信息。小型公司可请企业外部的机构和人员来设计及执行调研计划，大型公司则需要设立自己的营销调研部门从事调研活动。

（4）市场营销分析信息或其任务是从改善经营或取得最佳经营效益的目的出发，通过各种模型帮助市场营销管理人员分析复杂的市场营销问题。该系统包括一些先进的统计程序和模型，借助这些程序和模型可以从信息中发掘出最精确的调查结果。

（二）市场营销调研过程

所谓市场营销调研，是指运用科学的方法，有目的、有计划、有系统地收集、整理和分析研究有关市场营销方面的信息并提出调研报告以便帮助管理人员了解营销环境，发现问题和机会，作为市场预测和营销决策的依据。市场营销调研最主要的研究活动有：市场特性的确定、市场潜量、市场占有率和竞争者分析。

1. 市场营销调研过程

市场营销调研过程一般分为三个阶段：

（1）预备调查阶段这个阶段实际是准备工作阶段。这个阶段的主要工作有：明确问题初步分析情况，拟定调查题目，并进行非正式调查，为正式调研做好准备。它包括两个步骤：

1）初步分析情况。为了使调研有的放矢，调研人员首先必须搜集企业内、外部有关情报资料，进行初步情况分析，其目的是明确营销中的问题和调研目标，限定调查研究的范围。

2）探索性调研虞在对产品和市场进行初步分析之后，调研人员对问题的症结还未把握住，这时调研人员应主动询问销售负责人、推销人员、批发商和用户等，了解他们的看法和评价，这就是探索性调研。探索性调研的目的有两个：一是可以进一步确定调查的问题和拟定题目，或者是确定调查主题为今后行动提出方向；二是经过初步调查有的问题已经得到解决，可以省去后面的步骤，这样就能节约时间和费用。

（2）正式调研阶段。正式调研阶段是整个调研过程最主要的阶段，主要包括下列工作：

1）决定搜集资料的来源。确定调查问题以后就要确定搜集资料的来源。资料来源有两个方面：一是调查人员通过现场实地调查所搜集的资料；二是他人搜集并整理的资料。

2）确定调查方案，准备调查表格。调查方案通常包括调查方案、调查对象、调查地点、调查时间、调查次数等。调查表格又称调查问卷，其设计好坏直接影响到调查内容的质量，问卷的重点是询问，询问方式要结合调查方法，要注意询问的顺序、口气、措辞等。

3）实施调查方案。这是市场营销调研工作的主体。在此阶段，可能会遇到各种各样的问题，这就需要调查人员能随机应变，采取相应措施妥善处理，保证调查工作顺利完成。

（3）调查结果处理阶段。正式调查结束，并不表明整个调查工作结束，还必须把所调查和搜集来的资料进行分类、整理和分析，写出调查报告，这样，市场调查工作才真正有意义。

1）整理分析资料。一是将调查搜集到的资料进行整理、统计和分析，使其系统化、表格化，确保资料的真实和准确：二是将资料进行分类、统计，制成各种图表，以便分析和利用；二是对调查所得到的资料进行分析得出结论，进而提出改进意见。

2）编写调查报告并进行跟踪。调查报告代表整个调查过程的最后结果。典型的市场调查报告主要包括调查目标、调查范围、使用方法和调查结论、工作建议，另外还应附有必要的图表、附录等文件。写出调查报告后，调查人员还应追踪了解报告中的建议是否被采纳和利用、利用程度如何、效果怎样等问题，并及时发现新的问题，使市场营销调研进入一个新的循环。

2. 市场调查方法

市场调研本身是一门科学调查方法，是否恰当对调查结果影响很大。市场调研常见的方法有：

（1）市场调查询问法。市场调查询问法就是市场调查人员用提问的方式向用户和有关人员搜集市场信息资料的方法。询问调查方式主要有：访问调查、电话调查和邮寄调查等。

（2）市场调查观察法。市场调查观察法就是调查者直接在现场观察或者利用各种仪器间接观察被调查者行为或事实的一种搜集信息的方法。采用此法进行调查，多数被调查者不知道自己处于被调查中，因此所取得的资料是被调查者的常态表现，比较真实，能揭示消费者的内心活动。这种方法多用于对商标、食品、零售活动、消费者购买习惯、广告效果、橱窗设计的调查。观察法的形式多种多样，主要有直接观察法、实际痕迹测量法和行为记录法等几种。

（3）市场调查实验法。市场调查实验法是把科学实验求证法推广和应用到市场调查中去搜集市场营销资料的一种方法。市场营销中实验法的应用通常是改变商品质量、包装、价格、商标、广告等中的一两个因素，然后观察其对具体指标的影响程度，以取得市场调查的资料。市场营销中实验法有正式实验和非正式实验、实验室实验和现场实验之分。

（三）市场预测

市场预测是预测科学的一个主要组成部分，它是根据市场调查所取得的有关资料、运用科学方法或手段探索未来市场变化的规律和可能发展的趋势，为企业经营决策和确定计划目标提供科学依据。

1. 市场预测的程序

市场预测的一般过程，可分为四个阶段：①确定市场预测目标。确定市场预测目标是进行市场预测的重要前提，目标不恰当、不正确将使市场预测走向歧途，以致造成浪费和失败。确定预测目标主要是确定预测的对象和目的。预测对象是指预测哪一种产品品种，预测目的是指预测产品的销售量，预测市场的总需求量或别的项目。②收集分析资料。根据预测目标的要求进行统计调查，广泛收集预测所需要的数据资料并对资料进行科学分析和判断，找出其发展变化的规律性。收集资料过程中，应注意资料的真实性和可靠性，数据分析中应排除偶然事件，剔除一些由偶然因素造成的不适用的数据。③选择适当的预测方法。预测的方法较多，要分别根据不同的预测种类、对象、目的以及预测人员的文化高低选择不同的预测方法。选择预测方法之后就要运用一定的数学模型计算出具体预测值。④对预测结果进行评价和鉴别。得出的预测结果要进行检查和反馈，看是否达到原定的预测目的，是否与实际相符合。事实上预测与实际难以总会相符经常会有误差，因而要对预测结果进行分析、比较和评价，检查误差的程度和误差产生的原因，以便采取措施进行修正。

2. 市场预测的内容

一般来说市场预测有以下几个方面内容：

（1）社会需求预测。社会需求预测就是通过过去和现在市场的销售状况和影响市场需求的各种因素的分析和判断探索未来市场需求量及变化趋势的预测。

（2）市场占有率预测。市场占有率是指本企业某种产品的销售量或销售额占同类市场产品全部销售量或销售额的比重。

（3）市场潜力预测。市场潜力预测是指在某种市场环境下对市场需求所能达到的最大数值的测算。

（4）技术发展预测。技术发展预测是指科学的发展趋势对产品更新换代存在影响的预测。

（5）资源预测。资源预测是对本企业改进产品发展新产品的资源保证程度和发展趋势的预测。

（6）国际市场预测。国际市场预测是指对国际市场的情况和发展变化进行预测。

3. 市场预测技术

市场预测技术大体可分为定性预测和定量预测两大类。

定性预测技术。定性预测技术又称经验判断预测方法或直观预测法。这种方法主要依靠个人的主观判断来进行预测。适用于缺乏历史统计资料和数据的情况，或是用于某种新产品销售量的预测。这类方法主要有：厂长评判法、销售人员意见法、顾客意见法、专家意见法和主观概率预测法等。

1）厂长评判法。厂长评判法是由负责产品销售的厂长招集计划、销售、生产、财务等部门的主管人员在一起交换意见，预测本企业产品在未来的市场的销售趋势。

2）销售人员意见法。销售人员意见法是征求本企业推销人员和商业部门的业务人员的意见后，汇总整个企业产品在未来一段时间内的销售量的预测方法。

3）顾客意见法。顾客意见法是在调查顾客或用户购买意见，分析市场需求的变化趋势或竞争情况的基础上，对本企业产品需求情况进行预测的一种方法。

4）专家意见法。专家意见法是应用专家的专业知识和经验对预测对象的过去和现在进行分析综合，从中找出规律，并对今后发展趋势作出判断。专家意见法一般采用组织专家会议和德尔菲法两种形式。

5）主观概率预测法。它是一种以个人经验为主对专家意见进行分析评定而进行预测的一种方法。

（2）定量预测技术。定量预测技术又称分析计算法或统计预测法，它是根据比较完整的历史统计资料、借助一定的数学方法，对市场未来发展的趋势作出预测。按处理资料不同常见的定量预测技术有时间序列分析法、回归分析法和生产曲线法。

1）时间序列分析法。所谓时间序列，是指观察和记录到的一组按时间顺序排列的数据，时间序列分析法是把时间序列数据作为随机变量，运用数学方法消除偶然因素的影响并使其向外延伸，作出对未来市场的预测。常见时间序列分析法有：①简单平均法。简单平均法是指求出时间序列数据平均数并以其为基础确定预测值的方法，它是短期预测中经常采用的方法。简单平均法主要有算术平均法和加权平均法。算术平均法适用于过去实际销售情况，没有显著波动且下一时期的销售条件没有什么变化的情况。加权平均法就是在求平均数时，根据时间序列数据中各数据重要的程度分别给以不同权数后加以平均的方法。加权平均法的关键是确定权数。权数只能依据经验而定，一般来说，近期数据加权系数大，远期数据加权系数小。如果按波动幅度确定，波动幅度大者加权系数大。在数据变动不大时，可按等差序列确定权数。在数据变动大时，可按等比数列确定权数。通过加权平均法求得的平均数可反映长期趋势变动。②移动平均法。移动平均法是根据靠近预测期的各期实际数据的平均数来预测未来值。随着时间的推移计算平均值所用的各期也相应地移动。③指数平滑法。指数平滑法是考虑到各期销售对未来销售的不同影响。近期影响较大远期影响较小，因此计算过程中，以时间作为定权进行加权平均。

2）回归分析法。回归分析法是通过对历史资料的统计与分析，寻求变量之间相互依存的相关关系规律的一种数理统计方法。通过回归分析，把非确定的相关关系转化为确定的函数关系。据此预测未来的函数关系。回归分析的种类很多，根据其预测对象和影响因素之间的关系可分为线性回归和非线性回归。线性回归根据其自变量多少又可分为一元线性回归、二元线性回归和多元线性回归。

3）生产曲线法（冈巴兹函数）。对一项技术或产品的需求都有一个发生、发展、成熟又随之衰退的过程，其各个阶段的延续时间和发展速度是不同的。在发生阶段较慢，在发展阶段速度骤然加快，在成熟阶段又趋缓慢和稳定，在衰退阶段速度加速下降。这一特点的曲线是一条近似 S 形的曲线。

四、市场战略

企业在选定了宜于发展的营销机会之后，就应抓准机会确定目标市场，确定目标市场包括市场细分、目标市场选择和市场定位等内容如

（一）市场竞争战略

市场竞争是市场经济的基本特征之一。企业要想在激烈的市场竞争中立于不败之地就必须树立竞争观念，制定正确的市场竞争战略，努力取得竞争的主动权。

现代市场营销理论根据企业在市场上的竞争地位把企业分为四种类型：市场领先者、市场挑战者、市场跟随者和市场补缺者。

1. 市场领先者战略

市场领先者是指在相关产品的市场上占有率最高的企业。一般来说，大多数行业都有一家企业被认为是市场领先者，它在价格变动、新产品开发、分销渠道的宽度和促销力量等方面处于主宰地位，为同行者所公认。它是市场竞争的先导者也是其他企业挑战、效仿或回避的对象。市场领先者为了维护自己的领先地位通常可采取三种战略：一是扩大市场需求总量；二是保护市场占有率；二是提高市场占有率。

（1）扩大市场需求总量。当一种产品市场需求总量扩大时受益最大的是处于领先地位的企业。一般来说市场领先者可从发现新用户、开辟产品新用途、促进用户增加使用量三个方面来扩大市场需求总量。

（2）保护市场占有率。市场领导者如果不发动进攻就必须严守阵地，不能有任何疏漏；必须善于准确地辨认哪些是值得耗资防守的阵地，哪些是风险很小可以放弃的阵地。领先者往往无法保持它在整个市场上所有阵地，应当集中使用防御力量。防御战略的目标是：减少受攻击的可能性，使攻击转移到危害较小的地方，并削弱其攻势。市场领先者可选择六种防御战略来保护市场占有率：一是阵地防御，即在现存阵地周围建立防线。二是侧翼防御，即市场领先者除了保护自己的阵地外，还应建立某些辅助性基地作为防御阵地，或必要时作为反攻基地。采用侧翼防御特别要注意保卫自己较弱的侧翼，防止对手乘虚而入。二是先发防御，即在竞争者尚未进攻之前先主动攻击。四是防击防御，即当市场领先者遭到对手发动降价或促销攻势，或改进产品，占领市场阵地等进攻时不能只是被动应战，应主动反攻，要实行正面进攻、侧翼反攻或发动钳形攻势以切断进攻者的后路。五是运动防御，即不仅防御目前的阵地而且还要扩展到新的市场阵地，作为未来防御和进攻的中心。六是收缩防御，即放弃某些疲软的市场阵地，把力量集中到主要阵地上去。

（3）提局市场占有率。提高市场占有率是增加收益保持领先地位的一个重要途径。一般来说市场占有率是与投资收益率相关的最重要的变数之一。市场占有率越高投资收益率越高。但并不是任何情况下市场占有率提高都意味着收益率的增长。因此，企业提高市场占有率还必须考虑引起垄断活动的可能性、为提高市场占有率所付出的代价、争夺市场占有率时所采取的营销组合策略三个因素。

2. 市场挑战者战略

市场挑战者是指那些在市场上处于次要地位，却争取市场领先地位向竞争者挑战的企业。市场挑战者如果要向市场领先者和其他竞争者挑战首先必须确定自己的战略目标和挑战对象，然后再选择适当的进攻战略。

（1）确定战略目标和挑战对象。

战略目标与进攻对象密切相连，对不同对象有不同的目标和战略。一般来说挑战者可在下列三种情况下进行选择：

1）攻击市场领先者。选择市场领先者作为自己的挑战对象，它可以以领先者作为自己进攻的目标；也可以开发去超过领先企业的新产品，以更好的产品来夺取市场的领先地。

2）攻击与自己实力相当者。挑战那些与自己实力势均力敌的企业，可选择其中经营不善发生亏损者作为进攻对象，设法夺取它的市场阵地。

3）攻击地方性小企业。对一些地方性小企业中经营不善、财务困难者，可夺取它们的顾客甚至这些小企业本身。

（2）选择进攻战略。

在选择战略目标和进攻对象之后，挑战者还要考虑采取进攻战略。一般来说，挑战者有五种进攻战略可供选择：

1）正面进攻。正面进攻就是集中全部力量向对手的主要阵地发起进攻，即进攻对手的强项而不是弱点。采取正面进攻一是能在产品、广告、价格等主要方面大大超过竞争对手；二是必须有能力投入大量的开发经费降低产品成本，从而以较低价格的手段向对手发起进攻。

2）侧翼进攻。侧翼进攻就是集中优势力量攻击对手的弱点。有时可采取"声东击西"的战略佯攻，正面实际攻击侧面或背面。它分为两种情况：一是地理侧翼进攻，即在全国或全世界找对手力量薄弱的地区，在这些地区发起进攻；二是细分性侧翼进攻，即寻找领先企业尚未为之服务的细分市场，在这些小市场迅速填空补缺。

3）包围进攻。包围进攻是一种全方位、大规模的进攻战略。当挑战者拥有优于对手的资源并确信围堵计划的完成是足以打垮对手时，可采用此战略。

4）迂回进攻。迂回进攻是一种最间接的进攻战略，它完全避开对手的现存阵地。迂回进攻有实行产品多样化，实行市场多角化，发展新技术、新产品取代现存产品三种具体方法。

5）游击进攻。游击进攻是以小型的、间断的进攻干扰对手的士气以占据长久性的立足点。它主要适用规模较小、力量较弱的企业的一种进攻战略。总之，市场挑战者进攻战略是多种多样的，一个挑战者不可能同时运用所有这些战略，但也很难靠某一种战略取得成功。通常企业要设计出一套战略组合，即整体战略，借以改善自己的竞争地位。

3. 市场跟随者战略

市场跟随者是指在市场上处于次要地位并安于此地位，在"共处"的状态下求得尽可能多的收益的企业。市场跟随者通常彼此自觉地不互相争夺顾客，不以短期市场占有率为目标，即效仿领先者为市场提供类似的产品，因而市场占有率相当稳定。但是，这不等于市场跟随者就无所谓战略只是被动地跟随市场领先者。而是跟随者必须懂得如何保持现有顾客并争取一定新顾客，必须设法给自己的目标市场带来某些特有的利益，还必须尽力降低成本并保持较高的产品质量和服务质量。市场跟随者为使自己的发展道路不致引起竞争性报复，可选择以下三种跟随战略中的一种：

（1）紧密跟随，是指在各个细分市场和营销组合方面尽可能效仿领先者。

（2）有距离跟随，是指跟随者在主要方面如目标市场、产品创新、价格水平和分销渠道等方面都追随领先者，但仍与领先者保持基本差距。

（3）选择跟随，是指跟随者在某些方面紧跟领先者而在另一些方面又各行其是，也就是说，它不是盲目跟随，而是择优跟随，在跟随同时发挥自己的独创性，但不进行直接的竞争。

4. 市场补缺者战略

市场补缺者是指精心服务于市场的某些细小部分，而不与主要的企业竞争，只是通过专门化经营占据有利的市场地位的企业。市场补缺者在市场上承担着创造、扩大和保护补缺市场的任务。市场补缺者要在大企业的夹缝中求得生存与发展，首先应当选择一个既安全又有利的补缺基点（market niche），再选择专业化营销途径。一个好的补缺基点具有如下特征：有足够的市场潜量和购买力；利润有增长的潜力；对主要竞争对手不具有吸引力；企业具备占有此补缺基点所必要的资源和能力，企业既有的信誉足以对抗竞争者等特征。

市场补缺者取得补缺基点的主要战略是专门化营销。具体地讲，就是在市场、顾客产品、渠道等方面实行专门化，它包括：

（1）最终用户专门化，即专门致力于为某类最终用户服务；

（2）垂直层面专门化，即专门致力于分销渠道中某些层面；

（3）顾客规模专门化，即专门为某一种规模的顾客服务；

（4）特定顾客专门化，即只对一个或几个主要顾客服务；

（5）地理区域专门化，即对为国内外某一地区或地点服务；

（6）产品或产品线专门化，即只生产一种或一大类产品；

（7）客户订单专门化，即专门按客户订单生产预订的产品；

（8）服务项目专门化，即专门提供某一种或几种其他企业没有的服务项目；

（9）质量和价格专门化，即专门生产经营某种质量和价格的产品；

（10）分销渠道专门化，即专门服务某一类分销渠道。

值得注意的是，市场补缺者在选择专门化途径时，应多重选择，这样更能减少经营风险，增加保险系数。

（二）目标市场营销

在买方市场条件下，企业想在日趋激烈的市场竞争中取胜，必须实行目标市场营销。目标市场营销是指企业识别各个不同的购买群选择其中一个或几个作为目标市场，采用适当的市场营销组合集中力量为目标市场服务满足目标市场的需要学目标市场营销由市场细分、目标市场选择、市场定位三个步骤组成。

1. 市场细分

市场细分就是根据需求的多样性和购买行为的差异性，把整体市场即全部现实顾客和潜在顾客，划分为若干个具有某种相似的特征的顾客群，以便选择确定自己的目标市场。

（1）市场细分的客观基础和作用。

1）市场细分的客观基础。首先顾客需求的差异性是市场细分的内在依据。由于顾客需求的不断变化，即顾客需要、欲望及购买行为呈现异质性使得顾客需要的满足呈现差异性。这就要求企业为满足不同的顾客需要，必须进行市场细分以选择确定自己的目标市场。其次，企业资源限制和有效的市场竞争是市场细分的外在强制条件。现代企业规模再大，不可能占有人力、物力、财力、信息等一切资源，不可能向市场提供所有的产品满足市场所有的消费需求。同时任何一个企业由于资源限制和其他约束都不可能在市场营销全过程占有绝对优势。在激烈的市场竞争中，为了求生存、谋发展，企业必须进行市场需求分析，进行市场细分选择目标市场，进行市场定位集中资源有效的服务市场，力争取得最大的竞争优势。

2）市场细分的作用。市场细分在现代市场营销中的作用主要表现在以下几个方面：①有利于企业巩固现有市场阵地。通过市场细分充分把握各类顾客的不同需要，并投其所好地开展营销活动就可稳定企业现有市场。②有利于企业发现新的市场机会选择新的目标市场。通过市场细分企业可以了解各子市场的购买能力、潜在需求、顾客满足程度和竞争状况等，从而及时发现新的市场机会和问题，及时采取对策，夺取竞争优势。③有利于企业的产品适销对路。企业通过市场细分选择一个或几个市场细分部分作为目标市场，就有可能更加深入细致地研究需求的具体特点，集中人力、物力和财力有针对性地生产经营适销对路的产品，更好地满足目标市场需要。④有利于企业制定适当的营销战略与策略，把有限的资源集中用在目标市场上、以取得最好的效果。

（2）市场细分的依据。

1）消费者市场细分的依据。市场细分要依据一定变数来进行。消费者市场的细分变数主要有地理变数、人口变数、心理变数和行为变数四类。①地理细分。地理细分是指企业按照地理变数来细分消费者市场。地理细分的主要理论依据是：处于不同地理位置的消费者对企业的产品有不同的需要和偏好，他们对企业所采取的市场战略对企业的产品价格、分销渠道、广告宣传等市场营销措施也各有不同的反应。地理变数是指消费者市场所处的地理位置和地理环境，包括地理区域、地形气候、人口密度、生产力布局、交通运输和通信条件等。②人口细分。人口细分是指企业按照人口变数来细分消费者市场。人口变数很久以来一直是细分消费者市场的重要变量，这主要是因为人口变量比其他变量更容易测量。人口变数包括消费者的年龄、性别、职业、收入、教育、家庭生命周期、社会阶层、国籍、种族等。需要注意的是，人口变数包括许多内容，在多数情况下，要将其中几个有关变量结合起来才能更有效地细分市场。③心理细分。心理细分是指企业按照消费者的生活方式、个性、购买动机、消费习惯等心理变数来细分消费者市场。心理变数与市场需求及促销策略有着密切关系，尤其是在经济发展水平较高的社会，心理变数对购买行为的影响更为突。④行为细分。行为细分是指企业按照行为变数来细分消费者市场。行为变数包括购买动机、消费者所寻求的利益、使用场合、购买频率、使用状况、消费者对品牌或企业的忠诚程度、消费者对营销刺激的敏感程度、消费者对产品或品牌的态度、消费者的待购阶段等。

2) 产业市场细分的依据。细分产业市场的变数有一些与消费者市场细分变数相同，如追求利益、使用者状况、使用程度、品牌忠诚度、购买准备阶段、使用者对产品的态度等。此外细分产业市场的依据还有顾客规模、最终用户等。

（3）有效市场细分必备条件。

一个有效的市场细分还必须具备下列五个条件：①可区分性，是指在某种产品整体市场中确实存在着购买和消费上明显的差异性，足以成为细分依据。②可衡量性，是指根据某种特性因素划分出来的每个细分市场，其规模和购买力大小是可以衡量的。③可进入性，是指企业可以通过确定某一营销组合，能达到某一细分市场，使该细分市场消费者得以购买本企业的产品。④可盈利性，是指细分市场的容量能够保证企业获得足够的利润。⑤稳定性，是指有效的市场细分所划分的子市场具有相对稳定性。

2. 目标市场营销

市场细分的目的在于有效地选择并进入目标市场。所谓目标市场，就是企业决定要进入的那个市场部分，也就是企业投其所好，为之服务的那个顾客群。

（1）目标市场营销战略。

企业决定为多少个子市场服务，即确定其目标市场营销战略时，有三种选择：

1) 无差别市场营销。无差别市场营销是指企业在市场细分之后，不考虑各个子市场的特性而只注重子市场的共性，决定只推出单一产品运用单一的市场营销组合，力求在一定程度上满足尽可能多的需求。这种战略的优点在于，生产经营品种少，批量大，能节省各项成本和费用提高利润率。其缺点表现在，一种产品能迎合所有顾客的需求是罕见的，如果许多企业同时采取这种战略，就会造成共性市场上竞争激烈，难以获利，而其他较小市场部分需求得不到满足。

2）差异性市场营销。差异性市场营销是指企业同时为多个子市场服务，以多种产品，不同的市场营销组合来适应各个子市场的需要。这种战略优点在于适应于各种不同的需要，必然能扩大销路，提高市场占有率。其缺点表现在造成市场营销成本增加，因为差异性营销会增加设计、制造、管理、仓储和促销等方面成本。

3）集中性市场营销。也称密集性市场营销，是指企业选择一个或少数几个子市场作为目标市场制订一套营销方案，集中力量为之服务，争取在这些目标市场上占有较大份额。这种战略的优点在于由于目标集中能更深入地了解市场需要，使产品更加适销对路，有利于树立和强化企业形象和产品形象，在目标市场上建立巩固的地位，同时由于实行专业化经营可节省生产成本和营销费用增加盈利。其缺点表现在由于目标过于集中，把企业的命运押在一个小范围的市场上，一旦这个市场发生突然变化就会使企业措手不及，导致亏损，因而实行这种战略时要做好应变准备，加强风险意识。

（2）目标市场营销战略的选择。

目标市场营销战略各有利弊，企业选择时需考虑五个方面的主要因素，即企业实力、产品同质性、市场同质性、产品寿命周期阶段，竞争对手战略等。

1）企业实力。企业实力包括企业的设备、技术、资金等资源状况和营销实力等。如果企业的实力较强，则可实行差异性营销；否则，实行无差异营销或集中性营销。

2）产品同质性。指产品在性能、特点等方面的差异性大小。对于同质产品或需求上共性较大的产品，一般宜实行无差异性营销；反之，则实行差异营销或集中营销。

3）市场同质性。如果市场上所有顾客在同一时期偏好、购买的数量相同，并且对市场营销刺激的反应相同，则视为同质市场。同质市场宜实行无差异性营销；反之，宜采用差异性市场营销或集中性市场营销。

4）产品寿命周期阶段。处于不同生命周期阶段的产品，采取不同的目标营销战略。在介绍期和成长期应实行无差异性营销或针对某一特定子市场实行集中性营销。在成熟期应采用差异性营销战略。

5）竞争对手战略。一般来说，企业的目标市场战略与竞争者应有所区别反其道而行之。如果强大的竞争对手实行的是无差异市场营销，则企业应实行集中市场营销或差异市场营销；如果企业面临的是较弱的竞争者，则可采取与之相同的战略，凭借实力反击竞争对手。

3. 市场定位

企业在通过市场细分确定目标市场之后，就要分析目标市场中竞争情况，确定竞争对手并根据自身的情况确定为目标市场提供的产品，这就是市场定位要解决的问题。

（1）市场定位的步骤。市场定位的关键是企业要设法在自己的产品上找出比竞争者更有竞争优势的特性。竞争优势一般有两种类型，一是价格竞争优势，即在同样条件下比竞争者定出更低的价格。这就要求企业采取一切努力力求降低单位成本。二是偏好竞争优势，即能提供确定的特色来满足顾客的特殊偏好。这就要求企业采取一切努力在产品特色上下功夫。因此，企业市场定位的过程可以通过以下三大步骤来完成，即确定本企业的潜在竞争优势、准确选择相对竞争优势和明确显示其独特的竞争优势。

1）确定本企业潜在的竞争优势。这一步骤的中心任务是要回答三个问题，即竞争对手的市场定位如何，目标市场上足够数量的顾客欲望满足程度如何以及确定还需要什么，针对竞争对手的市场地位和潜在顾客的真实需要的要求企业应如何应对费要回答这三个问题，企业营销管理人员必须运用一切调研手段，系统地设计、搜索、分析并报告有关上述问题的资料和研究成果，从中把握和确定自己的潜在竞争优势在何处。

2）准确选择相对竞争优势。相对竞争优势表明企业能够胜过竞争对手的能力。这种能力可以是已有的也可以是潜在的。要准确地选择相对竞争优势，就必须从经营管理、技术开发、采购、生产、营销、财务、产品七个方面与竞争者进行全面比较。

3）明确显示其独特的竞争优势。这一步骤主要任务是企业要通过一系列的宣传促销活动将其独特的竞争优势准确地传播给潜在顾客，并在顾客心目中留下深刻的印象。

（2）市场定位战略。

企业的市场定位战略有：竞争性定位战略与非竞争性定位战略两种选择。

1）竞争性定位战略。竞争性定位战略就是把企业的产品定位在某一竞争产品较近的市场位置上，目的是与该竞争对手展开竞争。采用竞争性定位战略的企业应比竞争对手更具有优势，能生产比竞争对手更好的产品；市场容量足以容纳这两个竞争对手所生产的产品；且企业的信誉和特长能适应这种定位。

2）非竞争性定位战略。该战略主张企业把产品定位在市场上的空缺处远离竞争，以避免市场的竞争。采用这种战略的企业应有能力开发高质量、低价格的产品，与其他竞争产品相比，具有明显差异性，且目标市场容量足以容纳该企业开发的产品。

五、市场营销组合策略

企业在选择了目标市场和进行市场定位之后，要完成营销目标还必须制定正确的营销组合策略。营销组合是指企业对自己可控制的各种营销因素的优化组合和综合运用，使之协调配合发挥优势，以便较好地实现营销目标。企业的可控制的营销因素很多，可分几大类，最常见的一种分类方法是麦卡锡提出的 4Ps 理论，即：产品、价格、分销和促销。

（一）产品策略

产品策略是厂商结合自己企业的实际情况，在产品问题上所做的各种决策的总称。它包括产品组合策略、产品的品牌与商标策略、产品包装策略、产品寿命周期策略和新产品开发策略等。

1. 产品的整体概念

所谓产品是指能提供给市场用于满足人们的某种欲望和需要的任何事物，包括实物、服务、场所、组织、思想、主意等。产品的整体概念包括核心产品、有形产品和附加产品三个层次。

（1）核心产品，是指消费者购买某种产品时所追求的利益是顾客真正要买的东西，它是产品整体概念中最基本、最主要的部分。

（2）有形产品，是指核心产品的载体，即向市场提供的实体和服务的形象。

（3）附加产品，是指顾客购买有形产品时所获得的全部附加服务和利益，包括提供信贷、免费送货、保证、安装、售后服务等。

2. 产品组合策略

产品组合是指一个企业提供给市场的全部产品线和产品项目的组合和搭配，即经营范围和结构。产品线是指产品类别中具有密切关系的一组产品。产品项目是指某一品牌或产品大类中由尺码、价格、外观及其他属性来区别的具体产品。产品组合策略主要包括产品线的选择和产品组合的优化。

（1）产品线的选择。

产品线选择是指产品组合的宽度、长度、深度和关联性确定。所谓产品组合的宽度，是指一个企业有多少产品大类。所谓产品组合的长度，是指一个企业的产品组合中所包含的产品项目的总数。所谓产品组合的深度，是指产品线中每种产品有多少花色、品种、规格。所谓产品组合的关联性，是指一个企业的各个产品线在最终使用、生产条件、分销渠道等方面的密切相关程度。

产品组合的宽度、长度、深度和关联性在市场营销战略上具有重要意义。企业增加产品组合的宽度，可以充分发挥企业的特长，使企业尤其是大型企业的资源、技术得到充分利用，提高经营效益；此外，实行多角化经营还可以减少风险。企业增加产品组合的深度和长度还可以适合广大消费者的不同需要和爱好以招徕来、吸引更多顾客。企业增加产品组合的关联性，则可以提高企业在某一地区、某一行业的声誉。产品线的确定和选择主要考虑政府的要求，经济发展水平，消费者的偏好，经济结构，进入市场的方式等因素。

（2）产品组合的优化和调整。企业调整和优化产品组合时依据不同的情况，可选择如下策略。

1）扩大产品组合。扩大产品组合，可使企业充分地利用人、财、物等资源，分散风险，增强竞争能力。扩大产品组合，包括拓展产品组合的宽度和增强产品组合的深度。

2）缩减产品组合。在市场不景气或原料、能源供应紧张时，缩减产品组合可以使总利润上升。这是因为从产品组合中剔除了那些获利很小甚至不获利的产品线和产品项目，可使企业集中力量发展获利多的产品线或产品项目。

（3）产品延伸。产品延伸是指全部或部分地改变企业原有产品的市场途径，这样既可以满足更多的消费者需求，迎合顾客求变求异的心理或适应不同价格层次的需求；又可以减少开发新产品的风险。产品延伸主要方式有向下延伸、向上延伸和双向延伸三种。产品组合的优化其主要方法是产品组合矩阵法。其基本思想是按将企业的产品/按相对市场占有率和销售增长率进行矩阵分类，将其分成明星、金牛、问题和狗类产品，对不同类的产品采取不同的策略。

3. 品牌与商标策略

品牌是指产品的牌子，是销售者给自己的产品规定的商业名称，通常由文字、标记、符号、图案和颜色等要素或这些要素组合构成用作一个销售者或销售者集团的标识，以便同竞争产品相区别。品牌实质上代表着卖者对交付给买者的产品特征、利益和服务的一贯性的承诺。商标是指已获得专用权并受法律保护的一个品牌或一个品牌的一部分，它实质上是一种法律名词。品牌和商标的作用体现在：有利于产品销售；能够维护企业正当权益保护企业信誉；能够保证和监督商品质量，维护消费者利益三个方面。企业经常制定的品牌与商标策略包括：

（1）品牌有无策略，是指是否给产品建立一个牌子。给产品建立一个牌子，虽然会增加企业的成本费用但也可以使卖方得到以下好处：便于管理订货、有助于细分市场、有助于树立良好的企业形象、有利于吸引更多的品牌忠诚者等好处。因此，一般来讲现代企业都给产品建立一个牌子。但是对那些价格便宜、同质性高的商品，建立牌子对销售的意义不大通常不使用商标以减少费用的开支。

（2）品牌使用者策略。企业在决定使用商标之后就需要决定使用谁的商标。对于使用谁的商标，产品的制造企业有三种选择：一是使用自己的品牌；二是使用中间商品牌，即将产品大批量卖给中间商，中间商再用自己的品牌将产品转卖出去；三是企业有些产品用自己的品牌，有些产品用中间商品牌。

（3）品牌统分策略，是指企业对其同时生产经营许多种不同类型、规格和质量的产品，是全部使用统一的品牌还是分别使用不同的品牌。对此，有五种策略可供选择：一是个别品牌，即每种产品使用不同的品牌；二是统一品牌，即企业生产经营的所有产品共同使用一个牌子；二是分类品牌，即企业所生产经营的各类产品分别命名，即一类产品使用一个牌子；四是企业名称加个别品牌，即一类产品用一个牌子同时在每个牌子之前冠以企业名称；五是企业识别系统，即为企业及其产品建立统一的视觉标志，优化企业形象，提高企业的整体知名度。

（4）品牌扩展策略，是指企业利用其成功品牌名称的声誉来推出改变产品或新产品，包括推出新的包装规格或式样等。

（5）多品牌策略，是指企业同时经营两种以上互相竞争的品牌。

（6）品牌重新定位策略。由于市场环境变化品牌往往要重新定位。企业在制定品牌重新定位和策略时，一是要全面考虑把自己的品牌从一个市场部分转移到另一个市场部分的成本费用；二是要全面考虑、重新定位能获得多少收入。

4. 包装策略

包装是指盛装和保护商品的容器或外部包扎物，它能保护商品，促进销售，增加价值。可供企业选择的包装策略有：

（1）相似包装策略，是指企业生产的各种产品，在包装上采用相似的图案、颜色体现共同的特征。这种策略能节约设计和印刷成本，树立企业形象，有利于推销，但有时会因个别产品质量下降而影响到其他产品销路。

（2）差异包装策略，是指企业的各种产品都有自己独特的包装，在设计上采用不同的风格、色调和材料。这种策略避免了由于某一种产品推销失败，而影响其他商品的声誉，但也相应地增加包装设计费和新产品推销费用。

（3）相关包装策略，是指将多种相关的产品配套在同一包装物内销售。这一策略有于新产品销售。

（4）复用包装策略，也称多用途包装策略，是指在被包装产品使用完毕，包装物还可以作其他用途。这种策略是通过给消费者额外利益而扩大产品销售。

（5）附赠品包装策略，是指在包装物内除了本产品外还附上能够吸引顾客购买的其他赠品，以达到借助赠品扩大产品销售的目的。

（6）等级包装策略，是指按照商品的价值的不同把商品分成若干个等级，对不同等级实施不同包装。这种策略能适应不同消费者购买需要。

（7）改变包装策略，当某种产品销路不畅或长期使用同一种包装时，企业可以改变包装设计、包装材料、使用新的包装。这可以使顾客产生新鲜感，从而扩大销售。

总之，以上各种包装策略各有利弊。企业选择时应考虑国家规定、包装费用、消费者需求等企业内外各种因素。

5. 产品寿命周期策略

产品寿命周期理论，是研究产品在市场上发展变化的规律的理论，它是企业新产品开发和决策的理论依据。

（1）产品寿命周期的概念和各阶段的特征。

产品寿命周期是指产品从进入市场到退出市场所经历的市场生命循环过程。典型的产品生命周期一般可分开发期、介绍期、成长期、成熟期和衰退期五个阶段，各阶段的特征是：

1）开发期。它是指产品生命的培育阶段，它始于企业形成新产品构思。在此阶段销售为零，企业的投入与日俱增。

2）介绍期。新产品刚上市，知名度低，销售增长缓慢，由于宣传介绍费用高，企业没有利润甚至亏损。

3）成长期。新产品上市后经宣传介绍，如被市场接受即进入成长期。这时销售迅速增长，利润也显著上升，竞争者的类似产品陆续出现。

4）成熟期。产品大量投产和大量销售的稳定时期，销售量和利润的增长达到顶峰后速度渐缓并开始呈下降趋势。这时企业间竞争激烈营销费用增加、价格下降、成本上升。

5）衰退期。由于竞争激烈需求过于饱和，或新产品的出现，使产品销售明显下降利润日益减少，最后因无利可图而退出市场。

（2）产品寿命周期各阶段可供选择的营销策略。

产品生命周期各阶段呈现不同的特点，需要相应地制定不同的营销目标和营销策略。

1）开发期。这一阶段营销策略要突出一个"新"字，要适应市场需要设计新产品，降低开发成本，并对价格、分销、促销都形成一个详细的方案，必要时可以开始适当的广告宣传。

2）介绍期。这一阶段的营销策略要突出一个"准"字，即要提高和稳定质量、加强促销、降低成本。如果把价格与促销两个营销因素结合起来考虑，可在快速撇脂、缓慢撇脂、快速渗透、缓慢渗透四种策略中进行选择。

3）成长期。这一阶段营销策略突出一个"好"字。即保持良好的产品质量和服务质量。具体要采取如下策略：一是努力提高产品质量、增加新的功能、特色和款式；二是积极开拓新的细分市场和增加新的分销渠道；二是广告宣传应从建立产品知名度转向劝说顾客购买；四是在适当时间降低售价吸引 I 对价格敏感的顾客，并抑制竞争。

4）成熟期。这一阶段营销策略应突出一个"争"字，即争取稳定市场份额，延长产品寿命。可供选择的策略：一是调整市场即寻找新的细分市场和营销机会，设法促使现有顾客增加用量和使用频率，为品牌重新定位，吸引较大的顾客群，设法争夺竞争者的顾客；二是改进产品，即提高产品质量或是增加产品功能，或改进产品款式；三是调整营销组合，即通过改变营销组合的一个或几个因素来扩大产品的销售。

5）衰退期。这一阶段营销策略突出一个"转"字，即有计划、有步骤地转移阵地。

6. 新产品开发策略

所谓新产品，是指原理、用途、性能、结构、性质等一方面或几个方面具有创新或改进的产品。新产品具有相对性、时间性和空间性等特征。新产品的研制和开发，无论对国家还是对企业都具有重要意义。

（1）新产品开发的程序。新产品开发的程序，是指从新产品的总体设想、调查研究、设计、工艺、试制、鉴定到正式投产销售所经历的阶段和步骤。一般来说新产品开发可分为四个阶段，即前期阶段、样品设计和试制阶段、小批试产试销阶段、正式生产和销售阶段。

1）前期开发阶段。这一阶段的主要任务是进行新产品的开发决策，其工作程序分为收集设想、调查和预测、提出方案、评价和筛选方案、编制新产品开发建议书五个小阶段。

2）样品设计和试制阶段。这一阶段的主要任务是设计并试制出符合生产和市场要求的新产品，这一阶段的工作关系到新产品的性能与质量，关系到企业的生产效率与经济效益。

3）小批试产试销阶段。样品测试如果得到满意的结果，就得小批量试产试销。通过小批量的试产，其目的是进一步改进产品，为正式生产做准备。试销就是把产品和营销方案在更加符合实际的条件下推出，以观察市场反应。

4）正式生产和销售阶段。经过小批试产试销后确认有市场就可以进行正式生产和销售虫在正式生产和销售前要做好准备必要的生产条件保证切实可靠的原材料、动力、外部配套件的供应；开辟销售渠道和市场等工作。

（2）新产品开发策略。开发新产品策略包括获取策略和创新策略。获取策略是指企业不通过自己的研究与发明而直接从外部购买某种技术、新工艺的使用权或某种新产品的生产权。获取策略可以最有效地获得新产品，同时可节省企业资源，获取策略有直接兼并、专利获取、许可证策略，即从其他企业那里获得生产和销售某种产品的许可三种形式。产品创新是指主要通过企业自己的力量来开发新产品，它分为内部创新和外部创新两种。内部创新是由企业自己的研究与开发部门发明或改进新产品，外部创新是企业把发展新产品的工作通过合同的方式交由企业外部科研人员或公司去完成。

（二）价格策略

价格是市场营销因素中十分敏感而又难以控制的因素，它直接关系市场对产品的接受程度；影响市场的需求和企业利润的多少；涉及生产者、消费者等各方面的利益。因此，价格策略是市场营销组合策略中一个极其重要的组成部分。

1. 定价方法

企业制定价格是一件很复杂的工作，它必须全面考虑各方面的因素，采取一系列步骤、措施和方法。企业定价基本方法有成本导向定价法、需求导向定价法和竞争导向定价法三种。

（1）成本导向定价法。成本是价格构成中一项最基本、最主要的因素，是产品价格的最低限度。成本导向定价法就是以成本为依据的定价方法，包括成本加成定价法和目标利润定价法两种具体方法。

1）成本加成定价法。成本加成定价法是指按照单位成本加上一定百分比的加成来制定产品销售价格。加成的含义就是一定比率的利润。其计算公式是：

价格 = 单位成本 ×（1+ 加成率）

这种方法的优点是简便易行，对买方将本求利公平合理对同业者可缓和价格竞争，缓和矛盾。缺点是只从卖方角度考虑忽略了市场需求与竞争，因而所制定的价格不一定符合消费者的需求。

2）目标利润定价法。目标利润定价法是指企业为实现目标利润根据估计的销售收入或估计的销售量来制定价格的一种方法。其计算公式是：

单位产品价格 =（产品总成本 + 目标利润）/ 预计销售量

这种方法的优点是考虑了企业的目标利润。但这种方法没有考虑价格弹性和竞争者的价格，而且预计销售量能否实现是未知的。

（2）需求导向定价法。需求导向定价法是一种以市场需求强度及消费者感受为主要依据的定价方法，包括感受价值定价法、反向定价法等。

1）感受价值定价法。感受价值定价法是指企业根据购买者对产品的感受价值来制定价格的一种方法。感受价值定价法与现代市场营销观念相一致，但顾客的感受价值很难准确把握，它必须进行认真的市场研究。

2）反向定价法。反向定价法是指企业依据消费者能够接受的最终销售价格，计算自己从事经营的成本和利润后，逆向推算出产品的批发价和零售价。这种定价方法不以实际成本为主要依据，而是以市场需求为定价的出发点，力求使价格被消费者所接受。

（3）竞争导向定价法。竞争导向定价法是一种以竞争价格为主要依据的定价方法，包括随行就市定价法和投标定价法。

1）随行就市定价法。随行就市定价法是指企业按照行业的平均现行价格水平来定价。这种定价方法主要适用于同质产品，并往往难以估算成本，很难了解购买者和竞争者对本企业的价格的反应等情况下采取这种定价方法。

2）投标定价法。投标定价法是指参加投标的企业按照投标公告的内容投标自己愿意承担某工程或供应某物资的价格。招标单位选择投标价格最低和交货条件最优的企业并与之签订合同。

2. 定价策略

定价方法是依据成本、需求和竞争等因素决定产品基础价格的方法。在市场营销实践中企业还需考虑和利用灵活多变的定价策略修正和调整产品的基础价格。

（1）折扣定价策略。企业为了鼓励顾客尽量付清货款、大量购买、淡季购买，可以酌情降低基本价格，这种价格调整叫价格折扣。价格折扣有现金折扣、数量折扣、功能折扣、季节折扣和价格折让五种类型。企业采用价格折扣和策略时应考虑：竞争对手以及联合竞争的实力、折扣成本均衡性、市场总体价格水平以及企业流动资金的成本、金融市场汇率、消费者对折扣态度等因素。

（2）地区性定价策略地区性定价策略是指企业要决定对于卖给不同地区的顾客的某种产品，是分别制定不同的价格还是制定相同的价格。也就是说企业要决定是否制定地区性差价。地区性差价主要有 FOB 原产地定价、统一交货定价、分区定价、基点定价、运费免收定价等形式。

（3）心理定价策略心理定价策略是指定价时要考虑到消费者的心理因素。这种策略具体应用整数定价、声望定价、尾数定价等形式。

（4）差别定价策略差别定价，也叫价格歧视，是指企业按照两种或两种以上不反映成本费用的比例差异的价格销售某种产品或服务。差别定价有顾客差别定价、产品形式差别定价、产品部位差别定价、销售时间差别定价等形式。

（5）新产品定价策略。新产品投放市场有撇油定价和渗透两种策略可供选择：

1）撇油定价是指在新产品投放市场时采用高价策略，以便在产品寿命周期的初期获得最大利润尽快收回投资。

2）渗透定价策略，是指在新产品投放市场时，以比较低的价格吸引大量顾客，提高市场占有率，力求达到长期最大利润。

（三）分销策略

现代社会绝大多数生产企业制造出来的商品需要通过一系列中间组织和个人相互

协调活动，才能到达最终消费者手中。企业如何选择最合适的分销渠道，使其产品能以最低费用到达尽可能多的消费者手中这是企业必须作出的决策。

1. 分销渠道的概念

所谓分销渠道是指产品从生产者经由中间商直至消费者所经过的流通途径或路线。其起点是生产者、终点是消费者、中间环节是中间商。中间商包括处在生产者和消费者之间参与商品销售活动的一切单位和个人，包括批发商、零售商、代理商、经纪人、进出口商等。从经济理论的观点来看，分销渠道基本职能是对产品从生产者转移到消费者所必须完成的工作加以组织，其目的在于消除产品与使用者之间的分离。在市场营销实践中，分销渠道承担研究、促销、接洽、配合、谈判、物流、融资和风险承担等职能。

2. 影响分销渠道设计的因素

分销渠道设计包括分销渠道层次和宽度的确定两个基本问题。一个分销渠道层次是指在产品从生产者转移到消费者过程中，任何一个对产品拥有所有权或负责推销的机构。分销渠道宽度是指渠道的每个层次使用同种类型中间商的多少。分销渠道设计中应考虑的因素有：

（1）产品特点。产品特点影响着渠道选择，一般地，鲜活易腐产品应尽量减少中间环节，采取最短的渠道；技术性产品特别是使用面窄的或专用的设备应尽量减少中间环节；单位体积大或重量大的产品最好由生产者直接销售或通过经销商、代理商的样品间接销售；单价高的产品可采用最短的渠道，单价低的产品可采用较长的渠道；介绍期的产品宜采用生产者推销，成熟期产品则需要中间环节；某些具有传统特色的产品宜采用前店后厂、自产自销方式经营。

（2）企业特性。企业特性在渠道选择中扮演着十分重要的角色，主要体现在：生产集中而消费分散或生产分散而消费集中的产品，必须有中间环节；反之，生产和消费都集中的产品，则可减少或不要中间环节；财务能力弱的企业，一般宜采用佣金的分销方法，并且尽力利用愿意并且能够吸引部分储存、运输以及融资等成本费用的中间商；产品线长而深入的企业宜采用宽而短的渠道等。

（3）市场特性。市场特性是影响渠道设计最重要的因素，一般地，购买力高的大城市、大百货商店、超级市场、连锁商店等，可直接从生产企业进货采用最短的渠道，反之购买力低的地区，中小零售商则必须通过批发环节；在所有的分销渠道未被竞争所占领时，生产同类产品企业应采取与竞争者相同的分销渠道，便于竞争；在经济发展迅速、需求上升时，应扩大销售网；反之应减少流通环节。

（4）国家有关法律和规定。企业营销渠道设计时，必须遵守国家的有关法律和规定，使用合法的中间商采用合法的销售名称。

（四）促销策略

在竞争激烈的市场上现代市场营销活动不仅要研制适销对路、品质优良的产品，制定有竞争力的价格，提供便利购买产品的分销渠道来满足消费者的需要，还必须通过一定方式将产品或服务的信息传递给目标顾客，从而引起兴趣，促进产品或服务的转移即进行促销活动。

1. 促销组合的构成

促销组合是指企业根据促销的需要对广告、营业推广、公共关系和人员推销等各种促销方式进行适当选择和综合编配。其中人员推销称为直接推销，其他三种方式称为间接推销或称非人员推销。

人员推销。人员推销是指企业推销人员直接与顾客或潜在顾客接触、洽谈、介绍商品以达到促进销售目的的活动过程。人员推销主要有上门推销、柜台推销和会议推销等形式。这些形式都具有信息传递双向性、推销目的的双重性、满足需求多重性、推销过程灵活性和推销成果有效性等特点。但由于人员推销的开支大、费用高、对推销人员的素质要求高，因此其运用有一定的局限性。

广告。广告是指以口头说明、文字、图画等方式进行有助于销售产品和服务的公开宣传，它是借助于一定的媒体传播产品或服务的非人员促销方式。广告媒体主要有报纸、杂志、广播、邮寄函件、室外广告、电影院幻灯、车厢等等；它可分为产品广告、企业广告、公益广告等。广告具有传播及时、传播面广、信息艺术化、可多次运用加深印象等优点，但由于广告是单向信息交流，广告的说服力受到一定的限制。

公共关系。公共关系是指企业为了使公众了解企业的经营方式和经营策略，有计划地加强与公众的关系，建立和谐的关系，树立企业信誉的一系列活动。它包括争取对企业有利的宣传报道帮助企业与有关各界公众建立与保持良好关系，树立和保持良好的企业形象以及消除和处理对企业不利的谣言、传说和事件等。企业的公共关系主要有：创造和利用新闻、参与各种社会活动、编写和制作各种宣传材料等。其中创造和利用新闻，即完成报道应该是最主要的方法。因为宣传报道可信度高、费用较低、能指导消费者，其缺点是企业无法控制宣传的时间、内容没有传递信息的主动权。

营业推广。营业推广是指在一个比较大的目标市场中，为了刺激需求而采取的能够迅速产生鼓励作用的促销措施。针对不同的对象，营业推广的主要形式有：一是针对消费者的分期付款、免费赠送样品、现场表演、有奖销售等；二是针对中间商的购货折扣、合作广告、经销竞赛、举办展览会等；三是针对推销人员的，如红利、奖金、竞赛等。营业推广最显著的优点是见效快，对于想买便宜货的顾客具有很大的吸引力，但这种手段存在明显缺点是有时可能会降低产品的身价。

2. 影响促销组合策略

选择的因素上述四种营销组合方式各有优缺点，企业进行促销组合策略选择时，除考虑各种促销方式特点外还应考虑下列影响因素：

产品种类或市场类型。各种促销方式对消费品和工业用品的促销效果不同。一般来说从事消费品营销的企业分配促销经费的次序依次是广告、营业推广、人员推销、公共关系，而从事工业用品营销的企业的次序应是人员推销、营业推广、广告和公共关系。

促销总策略。企业促销活动的总策略有"推动"和"拉引"之别。"推动"策略就是以中间商为主要对象把产品推进分销渠道推向最终市场；"拉引"策略是以最终消费者为主要促销对象，首先设法引起潜在购买者对产品需求和兴趣，因消费者向中间商征询该种产品而引起其向制造商进货。如果企业采取"推动"策略，则人员推销的作用最大；如果企业采取"拉引"策略，则广告的作用更大。

购买准备过程的阶段。购买者购买行为准备过程分为知晓、认识和喜欢、确信、购买决策等阶段，在每一阶段促销方式的作用不同。在知晓阶段广告和公共关系的作用较大；在认识和喜欢阶段，广告的作用更大，其次是人员推销；在偏好的确信阶段，人员推销作用较大，广告的作用略小于人员推销；在购买阶段，主要是人员推销在发挥作用。

产品寿命周期阶段。产品处在介绍期广告和公共关系的效果最佳，营业推广也有一定作用；在成长期，广告和公共关系仍需加强，营业推广则可相对减少；在成熟期应增加营业推广，减少广告；进入衰退期，某些营业推广措施仍可维持，广告仅仅是提示性而已，宣传报道可完全停止。在企业选择促销组合策略时除综合考虑上述四个因素外，还必须综合考虑促销预算的大小、销售目标和促销目的等因素。

第四章 新形势下企业经济管理的创新

第一节 企业经济管理信息化的理论概述

一、经济管理的内涵与特征

（一）经济管理的内涵

管理是伴随着人类历史而产生、发展的，管理学作为一门独立学科却是在工业化的 20 世纪初才开始形成和发展起来的。迄今为止，管理的定义尚未得到公认和统一。其中较有代表性的有以下一些观点：按照《世界百科全书》的解释，"管理就是对工商企业、政府机关、人民团体，以及其他各种组织的一切活动的指导。它的目的是要使每一行为或决策有助于实现既定的目标。"

美国的唐纳利认为管理就是由一个或者更多的人来协调他人的活动，以便收到个人单独活动所不能收到的效果而进行的活动。美国的卡斯特认为管理就是计划、组织、控制等活动的过程。美国的布洛克特认为管理是筹划、组织和控制一个组织或一组人的工作。美国的罗宾斯认为管理是指同别人一起，或通过别人使活动完成得更有效的过程。而通常可以将管理理解为：管理是管理者或管理机构，在一定范围内，通过计划、组织、控制、领导等工作，对组织所拥有的资源进行合理配置和有效使用，以实现组织预定目标的过程。

（二）经济管理的基本特征

1. 管理是一种社会现象或文化现象

管理存在的必要条件是：①必须是由两个以上的人参加的集体活动；②有一致认可的、自觉的目标。随着社会的进步和社会需求的提高，管理的目标、工作内容和方法都要随之而变，不存在一成不变的管理模式。

2. 管理的载体是组织

管理的目标和管理的工作存在于一定的组织之中，组成组织的内部要素有人、设备与技术、物质与资金、工艺与方法、信息与环境等。在一个组织内部，尽管这些要素的组成方式不同，但管理活动都要与这些要素发生联系，并使这些要素实现最佳配置，以发挥其最大效能。

3. 管理的主体是人

管理的主体是指具有一定管理能力、拥有相应的权威和责任、从事现实管理活动的人。管理不是个人的活动，对管理者来讲，管理是在其职权范围内协调下属人员的行为，让别人同自己一道去完成组织目标的活动。人是组织中最基本和最活跃的要素，管理工作的中心就是通过调动人的主动性、积极性和创造性，协调入与人之间的关系来实现组织既定目标。

（三）管理的职能

管理的职能是指管理工作需要发挥的作用和应当具备的功能。最早提出企业管理职能的是法国的法约尔，他把管理的职能概括为计划、组织、指挥、协调和控制五个方面，即"五职能"划分，以后又有入主张"三职能""四职能"或"七职能"等。其中决策、计划、组织、领导、控制这五种职能是一切管理活动中最基本的职能。

1. 决策

决策是指企业为达到整体目标，根据外部环境和内部条件，确定工作目标，拟定实现目标的方案，并作出选择和决定。决策是经营计划的依据，是决定企业生产经营成败的关键，它贯穿于整个企业供产销活动的全过程和各个环节。决策是现代企业管理的一项首要职能。

2. 计划

计划的任务主要是制订目标及目标实施途径。具体来说，计划工作主要包括：①

描述组织未来的发展目标：②有效利用组织的资源实现组织的发展目标；③决定为实现目标所要采取的行动。计划是管理的首要职能，管理活动从计划工作开始。

3. 组织

组织职能是指根据企业目标和计划，对执行计划的各种要素及其相互关系进行配置、协调和组合，使计划任务得以落实。组织既是一种结构又是一种行为，可以分为静态组织和动态组织两个方面。静态组织是对组织形态而言的，它以提高组织效率为目标，研究组织机构的设置，职责、权力的规定以及规章制度的确立；动态组织是对组织体的动作而言的，它以人际和谐为目标，研究组织行为的变化，组织机构的变革和发展。

4. 领导

领导职能是指运用指导、沟通和教育等手段，统一全体职工和各级组织的意志，调动全体职工和各级组织的积极性，推动企业活动过程按目标要求进行。领导的内容主要包括指导下属顺利地完成本职工作，与下属顺利地沟通信息，发挥下属的潜力，提高下属的素质和能力等。领导是各种职能中最富有挑战性和艺术性的职能。

5. 控制

控制工作是一个过程，包括制订标准、衡量工作绩效和纠正偏差三个要素。控制工作又是管理过程的一个组成部分，在计划工作与控制工作之间，形成了一种周而复始的循环过程。控制的内容包括重新修订目标、制订新的计划、调整组织结构、改善人员配置、改善领导方法等。控制实际上涉及到管理的其他工作职能，并使得管理系统成为一个闭环系统。

二、经济管理原理

（一）人本管理原理

在管理活动里最重要的、对管理效果起决定作用的因素是人。人本管理就是以人为本的管理。人本管理原理认为：管理的核心对象是人。这一原理要求管理者要将组织内人际关系的处理放在首位，要将管理工作的重点放在激发被管理者的积极性和创造性上，努力为被管理者自我实现需要的满足创造各种机会。人本管理原理的思想基础是认为人是具有多种需要的复杂的"社会人"。人本管理原理是现代管理原理中最重要、最基础的原理。人本管理的管理原则包括利益协调原则、行为激励原则、控制适度原则、权责对等原则和参与管理原则。

（二）系统管理原理

管理是一种综合性的系统活动，是由一系列相关的活动组成的有机整体，它具有系统的特征。系统管理原理认为：任何一种组织都可视为一个完整的开放的系统或为某一大系统中的子系统，在认识和处理管理问题时，应遵循系统的观点和方法，以系统论作为管理的指导思想。系统管理原理管理原则包括统一指挥原则、分权与授权原则、等级原则、分工协作原则、整体效应原则和信息反馈原则。

（三）科学管理原理

管理的科学化、合理化就是确定工作定额、设计付酬办法，并在管理具体作业时运用管理的定量技术和方法。科学管理是指管理活动应有科学的依据，组织目标的确定、实施计划、组织、控制这一系列管理活动时都应依据科学的原理和方法。科学管理原理要求管理者应具备实事求是的管理作风，在管理过程中，注重调查研究，从客观实际出发，掌握和运用管理规律，制定和实施必要的管理规范，并积极采用先进的管理方法与管理手段，以提高管理工作的效率。

科学管理原理的管理原则包括管理理论与管理实践相结合原则，定性分析与定量分析相结合原则，不断更新管理方法和管理手段原则。动态管理原则管理是由计划、组织、控制等一系列活动构成的动态过程。管理的动态性不仅体现在管理的主体、管理的对象以及管理手段和管理方法上，组织的目标以至管理的目标也是处于动态变化之中的。动态管理原理要求管理者应不断更新管理观念，在处理管理问题时避免僵化的管理思想和方法，应根据管理环境的变化，随机应变。动态管理原理的管理原则包括随机制宜原则和弹性原则。

三、企业经济管理的原理

（一）系统管理原理

所谓系统，就是指由相互作用和相互依赖的若干组成部分结合而成的具有特定功能的有机整体。每一个有机整体又是它所从属的一个更大系统的组成部分。

1. 系统管理的要点

（1）整体性原理。

整体性原理实际上就是从整体着眼，统筹考虑，各方协调，达到整体的优化。一切系统都具有整体性，系统整体性表现在系统内部诸要素之间及系统与外部环境之间的有机的联系。要素、系统和环境三环节就是通过结构和功能两个中介的沟通，有机联系起来的。基于元素间的有机联系，系统整体具有诸要素所没有的性质，它的整体功能并不等于组成它的诸要素功能的简单相加。

（2）反馈原理。

反馈就是用系统的结果信息去调整系统的运行。正如控制论的创始人维纳指出的，反馈的特点就是"根据过去的操作情况去调整未来的行为"。

（3）系统封闭性原理。

系统反馈过程要求系统构成封闭环。系统的封闭性原理指出：一个组织要有效地实施管理，其系统内部必须具有有效的回路，以保证系统在运行中准确无误地执行指挥中心的指令，这样的系统应该是指挥机构、执行机构和反馈机构的分离。

（4）能级原理。

能级就是处于不同地位的不同元素之间构成的显著不同的等级差别。在社会组织中，能级的表现也是经常存在的。等级差别实际上就是一种系统的能级原理的不自觉地运用。

2. 企业系统管理的内容

（1）确定系统管理中的问题，收集资料，提出具体方案，并设计、改进和发展系统。

（2）确定最低成本和费用。

（3）确定最大利润和最小损失。

（4）在国家物价政策的范围内，确定产品的合理价格。

（5）在国家计划指导下，确定产品的种类与生产线的最优组合。

（6）确定生产过程中各种生产方法的适当配合。

（7）确定物资的经济采购量和经济贮量。

（8）确定机器设备的合理更新时间。

（9）确定人机系统的最优调配。

（10）搞好企业的经济活动分析，提高经济效益，注重社会效益和环境效益。

3. 企业系统管理的步骤

企业系统管理的步骤不是固定不变的，它随着社会化大生产的发展、科学技术的进步、管理手段的完善以及企业组织规模的变化发生相应的变化。在现代化大生产条件下，它的基本活动步骤可大致作如下的概括：

（1）确定目标和方针，制定战略计划和执行计划。

（2）拟定并筛选可行的最优方案，制定最优决策。

（3）制定最优计划，实现物质的转换过程。

（4）输入必要的资源，进行优化的生产调度。

（5）进行有效控制，对管理过程作必要的修正。

（二）激励原理

"激励"是指激发、鼓励的意思。就其本质来讲，是表示某种动机所产生的原因，即发生某种行为的动机是在什么环境中产生的。"激励"是一种精神力量或状态，在管理中起加强、激发和推动的作用，并且引导行为指向目标。我们不仅要研究某种动机产生的原因，同时也要研究如何促使管理的对象产生某种特定的动机，并引导他拿出自己的全部精力来为实现某种目标而努力工作，从而达到实现组织目标的目的。激励的理论主要有：

1．需要层次理论

需要层次理论有两个基本论点：①人是有需要的动物，其需要取决于他已经得到了什么，尚缺少什么，只有尚未满足的需要能够影响行为，而已得到满足的需要不能起激励作用；②人的需要有高低层次，当低层次需要得到满足后，较高层次的需要才会出现。在特定的时刻，人的一切需要如果都未得到满足，那么满足最主要的需要就比满足其他需要更为迫切。只有排在前面的那些需要得到了满足，才能产生更高层次的需要。而且只有当前面的需要得到充分的满足后，后面的需要才显出其激励作用。马斯洛假设把人的需要划分为 5 个层次，即：生理需要、安全需要、社交需要、尊重需要和自我实现需要。

2．双因素理论

它是由美国心理学家弗雷德里克·赫茨伯格于 1959 年提出的。50 年代后期，赫茨伯格同莫斯纳和斯奈德曼进行了一项大规模的关于人的工作动机的试验研究。调查结果发现，使他们感到满意的因素都是工作的性质和内容方面的，使他们感到不满意的因素都是工作环境或者工作关系方面的。赫茨伯格把前者称为激励因素，后者称为保健因素。

3．期望理论

期望理论是美国心理学家维克多·弗鲁姆 1964 年在他所出版的《工作与激励》一

书中提出来的。期望理论认为，人的行为不一定非要靠反复的直接酬偿来诱导发生，通过间接的经验、推断和联想同样可以产生行为刺激，在期望与结果之间建立起联系，即预期的报偿或结果能够刺激人们的行为。

4.公平理论

公平理论是由美国心理学家斯达西·亚当斯在其 1965 年发表的《社会交换中的不公平》一书中提出的。这个理论侧重于研究员工对公平的理解和评价方法，以及报酬分配对员工积极性的影响。涉及到工资及奖金问题时，企业的员工除了考虑收入的绝对值以外，更经常考虑的是自己的付出与所得同其他人进行比较的结果，而由此产生的公平感将影响到此人以后付出的努力。

5.超 Y 理论

超 Y 理论主要观点是：不同的人对管理方式的要求不同，有人希望有正规化的组织与规章条例来要求自己的工作，而不愿参与问题的决策，从而去承担责任，这种人欢迎以×理论指导管理工作；有的人却需要更多的自治责任和发挥个人创造性的机会，这种人则欢迎以 Y 理论为指导的管理方式。此外，工作的性质、员工的素质也影响到管理理论的选择，不同的情况应采取不同的管理方式。

（三）组织管理原理

组织是有意识地形成的职位和职务结构。组织中的基本要素是劳动分工与协作、职位、职权、职责。

企业组织是进行生产活动和经营活动的经济组织。它是以人为主体由人机系统组成的有机体。企业组织的结构和形态，直接受人机关系的影响，而且还是一个像人体一样富有生命力的有机体。在这个有机体中，既有作为组织主体的人的组织，又有成为人机系统组成部分的物的组织。企业组织的基本原理有

1.幅度层次原理

幅度层次原理是组织结构设计的一条基本原理。幅度是指一个上司直接管理的人数，层次是指一个组织设立的行政等级。幅度和层次是组织结构的两个相关的基本参数。

2. 直达简化原理

直达简化原理是指组织内的信息联系和业务往来传递选择最短路线的原理。

3. 唯一核心原理

唯一核心原理是指一个组织必须有核心，而且是唯一的核心，组织才是有效的、

有凝聚力的、成功的。

4. 能级原理

能级原理所揭示的是组织的各成员围绕组织核心，形成一定状态结构的规律。组织有了核心之后，组织的每一个单元根据本身能量的大小而处于不同的地位，以此实现结构的稳定性、有效性和凝聚力。这就是能级原理。能级原理要求围绕组织核心形成多层次的结构。按照在组织中表现出的能量级别，分别处于各自的层次中。能级原理还要求组织的人事管理，要人尽其才，根据各人的不同能级，安排到组织的不同层级之中。

5. 职权责任对称原理

职权责任对称原理的内容是：职、责、权、利是统一不能分割的，又是相符对称的，有多大的职务，就应拥有多大的权力，就应负多大的责任，也就应享有多大的利益。

6. 协作制衡原理

组织的分工带来了组织的协作，也提出了制约的要求。组织的各部门之间始终处于协作与制约的平衡之中。没有制衡，就没有秩序，组织就没有效率。组织的最高长官也必须置于有效的权力制衡之中，没有制衡的权力，必然容易泛滥。制衡的形式主要有法律对权力的法律制衡，权力对权力的监督制衡和责任对权力的约束制衡等等。

7. 系统原理

企业组织是一个人造的，处于环境之中，受环境制约的开系统。因而设计、建立和变革企业组织，必须遵循系统原理。

四、企业经济管理的信息化成本

（一）经济管理信息化成本的内涵

国内外对管理信息成本的本质认识还很少，主要研究的是信息成本。而信息成本的定义如同信息的定义一样存在多样性，不同学者站在不同的角度有不同的认识，有的从市场交易角度看，有的从企业性质看，有的从企业管理看，等等。

阙四清认为，所谓信息成本，就是指在市场不确定的条件下，企业为了消除或减少市场变化带来的不利影响，搜寻有关企业交易的信息所付出的代价。现代社会是一个信息社会，市场经济是一种信息经济，信息也是一种稀缺的资源。信息成本是经济学研究经济活动、分析经济成本的一个重要概念。在激烈的市场竞争中，企业交易信息的搜寻起着越来越重要的作用，企业的信息成本在总成本中的比重也将越来越大。主要原因有两点：一是信息不完全，企业始终处于一个信息不完全的状态之中，因此必须花大量的精力去搜寻尽可能多、尽可能准确的信息；二是信息不对称，在市场竞争中，当市场的一方无法了解另一方的行为，或无法获知另一方的完全信息时，就会出现信息不对称情况。信息不对称不仅包括一般状态下自然存在的不对称，还包括人为因素造成的信息失真。面对信息不对称，企业也需要花费大量的成本去搜集相关信息。

赵宗博提出，企业的信息成本是基于企业的性质要求，为搜寻、纠正效益目标所需要的信息而必需的成本支出。它是为企业效益目标提供确定导向而形成的对各种信息活动的投入。总体来看，企业信息成本分为直接成本和间接成本两部分。直接成本从内容上看分为：为寻找有效信息内容而发生的设计成本、为收集和加工处理信息内容而发生的技术性成本、为有效使用信息内容和信息技术设施而发生的信息人力资本的投入、为营造公共利益与个人利益相协调的信息机制、信息环境而付出的成本等。而间接成本则是由直接成本派生出来的那部分成本。它在内容上主要包括：路径依赖及其负面成本，弥补信息流动陷阱的成本，即信息供求严重失衡的情况下企业被迫增加的信息投入，由于操作技术不配套而加大的成本，因为采用新标准而付出的调整成本，因特网条件下的信息负面成本，信息技术设备的无形消耗所造成的无形成本等。

冯巧根把信息成本作为管理成本的一部分，认为信息成本是从管理成本中细化出来的一个成本概念，它是指企业在信息加工和传递过程中花费的代价。从现实市场状况来看，所有的市场都存在信息不完全的现象，要获得市场信息，必须支付一定的信息成本。

于金梅认为信息成本是企业为获得或重置信息而发生的各种耗费之和，包括信息生产成本、信息服务成本和信息用户成本：①信息生产成本。在信息的生产过程中，生产者使用了一些信息材料、消耗了物质材料、投入了一定的劳动量。这些使用的信息材料、消耗的物质材料、投入的劳动量构成了信息产品的生产成本。具体包括：物质材料消耗费用、信息材料消耗费用、劳动力消耗费用和其他费用。②信息服务成本。信息服务是指信息产品拥有以及信息设备拥有者出售信息产品、提供信息咨询业务、提供信息交流条件的活动。信息服务成本与信息生产成本一样，包括材料消耗、劳动力消耗和其他费用等。③信息用户成本。是指信息用户在获取和利用信息产品的过程中所消耗的各种费用。除了物质材料消耗费用外，还包括购买信息产品和信息服务所支付的费用及时间成本。所谓时间成本是指用户在获取和利用信息产品的过程中花费的时间折算的费用，如等待服务时间、接受培训时间等。

谭剑从行政参与角度认为，行政参与的信息成本由两部分构成。①获取信息的成本。信息的获得是要付出成本的，它既包括获取信息的直接耗费，也包括获取信息的机会成本。②加工信息的成本。信息的获取只是第一步，相对人所获取的信息往往是十分杂乱的，有时甚至是真假难辨，因此，对信息进行加工的过程必不可少。信息的加工实际上是一个"去粗存精""去伪存真"，从而形成完整的、真实的"信息链条"的过程。赖茂生和王芳通过对交易成本的剖析后指出，信息成本是交易成本的重要组成部分。信息成本"实际上是指交易过程中获得信息的成本费用"，是"信息搜寻成本的扩展"，但又与信息作为商品的成本有所不同。

从上可以看出，学者们在定义信息成本时，大部分是基于交易的视角，个别基于企业内部管理的视角。基于交易视角的信息成本与交易成本的内容基本相同，而基于管理视角的信息成本与交易成本存在较大的差异。视角不同源于信息用途不同，当然成本范畴和成本边界也不一样。但无论是哪一种信息成本的定义，都有着三个共同点：一是产生的环节相同，都是在信息收集、加工、传递、利用等过程中产生；二是信息成本是一种现实成本或机会成本，包括实际的费用支出或损失，正如小威廉·J·布伦斯指出的"成本是对处理事情过程中放弃的（或即将放弃的）东西的计量"；三是成本产生的根本目的相同，信息成本形成的动因是为了减少不确定性，追求信息价值，并且使信息价值超过信息成本。

管理信息成本是企业信息成本的一个部分，是基于管理视角的信息成本，它既包括管理信息的成本，又包括管理的信息成本。因此，本节认为，管理信息成本的概念有狭义和广义之分，广义的管理信息成本是指企业在管理过程中，为了减少决策结果的不确定性，收集、加工、储存、传递、利用管理信息花费的代价和信息不完全产生的决策损失。包括：企业为收集、加工、储存、传递、利用信息购买的设备、购建的设施和相关人员的工资福利支出，购买信息商品的支出，由于信息错误或不完全形成的损失，以及纠正决策失误、改选决策方案的支出，等等。这些成本的发生是因为管理信息而在人和物上产生的支出，或形成的机会成本。狭义的管理信息成本是指企业在管理过程中，为了减少决策结果的不确定性，收集、加工、储存、传递、利用管理信息所耗资源的货币化表现。它主要包括外购信息商品的支出、管理信息系统的购置、建设、维护与运营成本和管理信息组织结构发生的成本。管理信息成本的本质内涵是基于管理的信息成本，本节在管理实务研究中主要从狭义的管理信息成本进行的。

（二）经济管理信息化成本的特征

信息经济学认为，收益是信息需求的前提，而成本则是信息供给的基础。作为投入要素的信息，阿罗认为其成本有以下几个特征：

第一，信息成本部分地属于资本成本，且属于典型的不可逆投资。对于信息系统的各种设备和装置的投资，以及对于掌握某种知识或技能的原始投资都可以很好地说明信息成本部分地属于资本成本。

第二，在不同领域、不同行业中的信息成本各不相同。人们在未知领域中获得信息，要比在较为熟悉的领域中获得信息花费更多的成本；具有共同经验或同一行业中的个人之间交流信息，比没有共同经验或不同行业的个人之间交流信息要简单得多，也有效得多。

第三，信息成本与信息的使用规模无关。也就是说，信息成本的大小只取决于生产项目而不是其使用规模。

第四，信息成本的转嫁性。许多类型的信息产品和服务，如教育、图书馆、气象信息，具有公用性和共享性，其成本由公民共同承担；但同样的纳税者所享有的信息产品和信息服务不同，甚至不享有也要交费，或者某些享有者可以不交税或不交费。

根据管理信息成本的内涵，本节认为，管理信息成本属于信息成本的一部分，除具有上述信息成本的特征外，还有如下一些。

（1）区域性。管理信息成本的高低受环境、经济因素的影响。一些地区的经济、文化中心，拥有许多区位优势，信息成本较优低；反之，非经济、文化或政治中心，由于信息量较少，或有用信息较少，企业做出管理决策之前会发生更多的费用，或形成更大的代价。

（2）价值驱动性。管理信息成本的产生的目的是为了追求效益，其形成动因是信息价值。企业通过信息价值的产生，实现信息成本的补偿，最终获得信息收益。如果管理信息不会给企业带来更大的价值或减少损失，管理信息成本就不会有发生的源动力。

（3）源于管理决策的信息需求。企业在管理过程中为了科学、有效的决策，需要搜寻、收集、加工、传递、储存信息，在这一过程中必然会投入人力、财务和物力，也就必然会产生成本。因此，管理信息成本源于管理决策的信息需求。

（三）经济管理信息化成本的意义

成本一词在管理和管理决策中有很多不同用法……收集、分析和描述有关成本的信息在解决管理问题时十分有用，各种组织和经理人员一直关注成本。控制过去、现在和将来的成本是每个经理工作的一部分。信息技术的发展，推动各种组织朝信息化方向发展，在制定和执行决策前，都会进行信息收集与处理。因此，管理信息成本在知识经济条件下有着重要的意义。

1. 管理信息成本是厂家制定价格和形成垄断的一种控制因素

在信息不完全的市场上，价格制订者不能完全掌握竞争对手们的所有价格信息及其变动趋势信息，因而他所服从的价格制定原则必然来自信息成本的自由竞争。对于消费者来说，市场价格若很少变化，则用于价格信息搜寻的成本将随之减少。但价格制订者付出一定的成本掌握这个信息后，会扩大价格的变化幅度，从而使价格出现离散趋势。此外，管理信息成本的投入能使企业在新产品的开发和新技术的应用方面领先于其他企业，同时又能使企业在销售方面好于其他方面。因此，管理信息成本与边际成本的结合将使那些规模较大的，在信息投资方面更为成功的，易于获得信息的企业占有更多的市场份额和利润。因此，管理信息成本的存在成为形成垄断以及影响垄断形成的一种控制因素。

2. 企业降低或减少管理信息成本的行为动机推进了信息服务业的发展

信息产业的快速发展，资源配置和产业结构也发生深刻变化，经济主体为了寻求相对信息优势的竞争而获取机会利益，不仅对生产性信息和非生产性信息提出了巨大需求，而且随着社会分工的深化，产品花色品种的激增，信息流动速度的加快，经济主体对所需求的信息的质量和传递速度等要求也大幅度提高。在这种情况下，各经济主体仅靠自身的信息部门来提供所需要的各种信息已变得低效率和不必要。为减少或降低企业管理信息成本，于是各经济主体在把自身精力集中于获取一些关键性信息的同时，也把大部分生产经营所需要的信息需求转向专门的信息服务机构，从而直接激发了对信息服务业的需求，推进信息服务业的发展。

3. 管理信息成本的变化是促进管理决策方式改变的重要力量

管理活动不仅仅是建立在物质基础上，更是建立在信息基础上的。无论是宏观经济管理部门还是微观企业或个人，任何层次的管理决策都需要信息，而为收集或获取信息的系列的活动是有成本的，这些成本可以通过市场媒介得以降低，市场媒介的协调作用是通过双向的信息流动来实现的，以协调生产与消费之间的决策，社会分工的发展又进一步促使信息媒介组织独立于生产厂商。管理信息成本的下降也在逐渐改变交易决策方式。管理信息成本的下降使得联系更加容易，各主体可以通过网络等各种形式获取更多的决策信息，增加自己在谈判中讨价还价的能力，并且企业还可以通过内部管理信息系统平台形成管理决策结果。

4. 管理信息成本是推动企业组织结构变革的重要因素

传统社会组织将所有的决策权都交给了决策者，由于组织中知识的分散性，每一个最高决策者都会面临组织结构中的控制和决策问题。由于决策者的智力或沟通能力的局限性，最高决策者不可能拥有作出每项具体决策所需要的所有信息。来自基层的信息源如果都是由决策者收集、整理和分析，势必需要大量的成本。这些成本不仅表现在经费的支出上，而且还表现在信息的延迟和随之而来决策迟缓上。因此，计划经济要比市场经济付出更多的管理信息成本。同时，管理信息成本减少要求也进一步强化委托一代理的管理模式，组织之间也更加依托信息技术，组织内部机构也由传统的专制的金字塔状更加趋于民主的快捷的扁平化。

5. 管理信息成本有利于政府职能的改进和管理力度的增强

由于信息不对称和信息成本，在市场行为中具体表现便是管理信息用户花费的时间和费用，花费的时间越多费用越高，则管理信息成本越大：管理信息的收集并不是越多越好，当信息用户的调查超过一定的限度后，其管理信息成本就会高于他所购买商品的"消费者剩余"价值，也即高于获取信息所增加的收益，这是市场行为中存在着委托一代理关系中的败德行为、商业欺诈行为、信息产品的盗版行为等经济机会主义的重要原因。要消除信息不对称和管理信息成本带来的机会主义，只从微观的消费者角度研究其决策显然是不够的，还需从宏观的政府角度进行研究，除了改进政府管理职能，加强教育和提高市场透明度外，还要政府的宏观调控，加强法制建设和知识产权保护以及强化执法力度。

（四）经济管理信息化成本、管理成本与交易成本

成本是商品经济的价值范畴，是商品价值的组成部分。人们要进行生产经营活动或达到一定的目的，就必须耗费一定的资源（人力、物力和财力），其所费资源的货币表现及其对象化称之为成本。它有几方面的含义：成本属于商品经济的价值范畴；成本具有补偿的性质；成本本质上是一种价值牺牲。随着商品经济的不断发展，成本概念的内涵和外延都处于不断地变化发展之中。管理信息成本是一种特殊的成本形态，它与管理成本和交易成本之间既存在一定的联系和区别。

1. 管理信息成本与管理成本

管理成本是企业为有效管理、合理配置管理这一特有稀缺资源而付出的相应成本，或企业在投入了管理这种稀缺资源所付出的代价。企业的管理成本主要由四个方面组成：内部组织管理成本、委托代理成本、外部交易成本和管理者时间的机会成本。其中，内部组织管理成本是指现代企业利用企业内部行政力量这只"看得见的手"取代市场机制这只"看不见的手"来配置企业内部资源，从而带来的订立内部"契约"活动的成本。委托代理成本是指由委托代理关系的存在而产生的费用。现代企业在购买或租

用生产要素时需要签订合同，而在货物和服务的生产中雇佣要素的过程则需要有价值的信息，这两者都涉及真实资源的消耗，这种真实资源的消耗被定义为外部交易成本。企业的外部交易成本可分为搜寻成本、谈判成本、履约成本。管理者时间的机会成本是指因管理者在企业管理工作上投入时间而产生的成本，也就是指管理者的时间资源因为用于管理而不能用于其他用途的最大可能损失。

管理信息成本是基于企业管理的信息成本，属于信息成本中的一种。有的专家认为，信息成本是从管理成本中细化出来的一个成本概念，是企业管理成本的一部分。但如果对管理成本和管理信息成本的内涵进行分析后会发现，两者的关系并非如此。管理成本是企业基于管理活动所形成的成本，包括的内容很多，既有内部组织成本和外部交易成本，还有委托代理成本和机会成本。而管理信息成本有广义和狭义两种，广义的概念包括内部管理信息组织结构发生的成本、购买信息商品发生的成本、管理信息系统发生成本和管理信息的机会成本和决策损失，狭义的概念主要包括广义概念的前三项内容。因此，我们可以看出，管理成本包含了部分管理信息成本，两者又有所区别：管理信息成本中的信息商品成本、管理信息结构成本对应属于管理成本的外部交易成本和内部组织成本，而管理信息系统成本、管理信息的机会成本和决策损失则不属于管理成本的范畴。管理成本和管理信息成本的相同点有两个：一是产生的动因相同，都是管理决策；二是实质相同，都是一种货币表现。两者的差异也有两个方面：一是内涵不同，所包含的内容也不同；二是对企业的影响不同，管理成本对任何一个企业都会产生重要影响，而管理信息成本对企业的影响程度有大有小。

2. 管理信息成本与交易成本

交易成本理论是新制度经济学的重要组成部分，它源于科斯的《企业的性质》，科斯认为交易成本是"通过价格机制组织生产的，最明显的成本，就是所有发现相对价格的成本"、"市场上发生的每一笔交易的谈判和签约的费用"及利用价格机制存在的其他方面的成本中，科斯简短地总结到：谈判要进行、在1991年接受诺贝尔经济学奖的演讲契约要签订、监督要实行、解决纠纷的安排要设立，等等，这些费用称为交易成本。此外，从广义的角度看交易成本就是制度成本，它是从契约过程的角度阐述交易成本的存在，比较直观可操作性强。从社会的角度来看，交易是人与人之间经济活动的基本单位，无数次的交易就构成了经济制度的实际运转，并受到制度框架的约束。因此制度经济学者们认为交易成本是经济制度的运行费用，由此提出交易成本包括制度的制定或确立成本、制度的运转或实施成本、制度的监督或维护成本、制度的创新和变革成本。

威廉姆森将交易成本区分为搜寻成本（商品信息与交易对象信息的搜集）、信息成本（取得交易对象信息与和交易对象进行信息交换所需的成本）、议价成本（针对契约、价格、品质讨价还价的成本）、决策成本（进行相关决策与签订契约所需的内部成本）、监督交易进行的成本（监督交易对象是否依照契约内容进行交易的成本，例如追踪产品、监督、验货等）、违约成本（违约时所需付出的事后成本）。Dahlman 则将交易活动的内容加以类别化处理，认为交易成本包含：搜寻信息的成本、协商与决策成本、契约成本、监督成本、执行成本与转换成本。从本质上说，有人类交往互换活动，就会有交易成本，它是人类社会生活中一个不可分割的组成部分。结合管理信息成本的概念我们可以知道，管理信息成本部分属于交易成本的范畴，如外购信息商品的成本、搜寻管理信息的成本，既是交易成本，又是管理信息成本。威廉姆森在上面所提及的信息成本仅仅指基于交易视角的信息成本，而不是广义的信息成本。虽然管理信息成本是基于管理的信息成本，是企业信息成本的一部分，但管理信息成本与交易成本之间并不是一种简单的包含关系，无论是概念、内容上，还是视角、动因上，两者都是有区别的。

五、企业经济管理的信息化能力分析

（一）企业经济管理的信息化能力

从企业理论看信息化，包含两方面工作：一是培育信息资源，使之成为企业管理的主导资源；二是提高信息化能力，使之成为企业核心能力之一和战略基础。

1.企业信息化能力的定义、性质

目前，已有学者结合信息技术和企业能力理论研究 IT 能力，尚未有企业信息化能力（Enterprise InformaITzation Capability，EIC）的论述。

李垣、刘益认为，企业中的许多资源都是依托有关能力而产生效率的，而许多能力又是在相关资源的基础上发挥作用的。他们据此提出了"基于能力的资源"和"基于资源的能力"这两个概念。指出，"基于能力的资源"是指在企业能力得到某种程度提高的基础上，才能发挥出所预期效果的资源。而"基于资源的能力"是指当企业资源在数量或质量方面得到改善后，企业得到相应提高的那些能力。

很明显，IT 能力是一种"基于资源的能力"，而信息化能力从前述信息化概念分析，则含义要更宽广。综合已有文献对信息化技术、过程的描述，认为企业信息化能力至少具备以下性质：

（1）技术性。信息化能力的处理对象是企业业务和管理信息，主要技术工具来源于信息技术。因此，信息化能力是基于信息资源的技术能力。

（2）管理性。信息化是信息技术向管理渗透并逐步融合的过程，信息化能力不是简单的信息资源配置能力，而是以信息资源为主导的、多种资源综合利用的能力。因此，信息化能力也是管理过程能力。

（3）组织性。信息技术在企业的应用使员工关系发生了变化，非正式关系得到发展，这种关系是信息技术效率提高的基础。因此，信息化往往伴随着组织变革，信息化能力也是关系能力。

（4）知识性。企业能力本就具有知识性，信息化能力更是企业进行组织学习、知识创新的基础。从以上性质可以看出，企业信息化能力是一种综合能力，它基于信息资源又不局限于单一资源，它涉及管理、组织、流程，它是企业学习、创新能力的基础。综上，本节定义企业信息化能力：是使信息资源成为企业战略资源，通过信息技术改变企业管理、组织、流程，支持企业全面竞争的能力。

2. 企业信息化能力分类

企业能力可以分为三大类：业务能力、组织能力、学习和创新能力。业务能力又分为（资源）技术能力和过程能力，组织能力分为组织关系能力和管理控制能力，创新能力分为学习能力、技术创新能力和管理创新能力。

为深入研究企业信息化能力，本节对信息化能力进行分类。在分类时，本节遵循以下分类原则：①与企业能力体系相对应；②与企业信息化内容相对应；③与企业职能部门相对应，以便于实施和测量。据此，将企业信息化能力分为三类：

（1）信息技术能力（Information Technology Capab．lity，IT 能力）。信息技术主要由企业外引入，IT 能力涉及资源、技术、学习、创新，包括 IT 基础设施、IT 学习能力和 IT 柔性。

（2）信息组织能力（Information Organizing Capability，IO 能力）。主要技术扩散和信息资源控制在企业组织上的表现，包括信息规划和控制能力、信息技术扩散能力。

（3）信息创新能力（Information Innovation Capability，II 能力）。主要是过程管理和业务创新，包括信息化业务创新能力、信息化业务应用能力。

（二）企业经济管理的信息技术能力

对于 IT 能力的研究目前总体还处于起步阶段，主要在信息系统领域，强调技术性和组织效能，其中张嵩的研究较为深入，本节采用了他的部分观点。

IT 能力依 Bharadwaj 的定义，是指组织通过动用和配置自身 IT 资源，来整合组织其他资源的能力。他是从组织能力出发，将信息技术能力分为三种：1.IT 基础设施能力，包括计算机、沟通技术、数据库、分享式技术平台等；2.IT 人力资源能力，包括员工拥有的 IT 技术技能和管理技能；3.IT 无形资产能力，包括顾客导向、知识（信息）储量、组织合力等。在本节中仅指涉及信息技术和学习的企业能力，包括 IT 基础设施、IT 学习能力和 IT 柔性。

1.IT 基础设施

对于 IT 基础设施的研究最早开始于计算机硬件平台的探讨，从区域（或称为连接度）和范围（或称为兼容性）两个维度看待 IT 基础设施的业务功能。Weill 和 Broadbent 对于业务和 IT 管理人员应当如何构建 IT 基础设施以及对 IT 基础设施进行投资的不同方式进行了探讨，根据对信息技术进行投资的力度、目的以及与战略之间的关系分为"无""效用""依赖"和"使能"四种观点并进行了实证分析。进一步，在保留基础设施硬件平台特性的基础上，更加强调 IT 基础设施为企业提供的服务，从企业内部运营和外部服务的角度识别了 8 大类共 25 项服务，包括 10 项核心服务。

IT 基础设施概念主要包含两个层面，一些定义根据基础设施所包含的基本技术构件来解释 IT 基础设施，而另一些定义已经延伸到如何规划、管理和控制那些影响基础设施设计和能力的因素上来。

IT 基础设施包含了一般意义上信息化建设的硬件、软件、培训、安全管理，但不涉及具体的业务信息系统。IT 基础设施是企业信息资源建设的基础，通常依据最新的 IT 技术发展划分几个阶段，根据企业 IT 基础设施的投入力度和应用水平予以评价，确定其阶段水平和不足，指导进一步信息化建设。

在国家测评中心于 2003 年公布的企业信息化指数测量指标体系中，就选取了百人计算机拥有量、计算机联网率、生产过程数控化率反映硬件水平，通过三维 CAD 应用率、ERP 应用率、企业拥有数据库数量等反映软件水平，通过投资总额占主营业务收入的比例反映信息化投入力度，通过个别流程信息化、内部集成、管理变革、市场定义四个阶段的划分总体反映企业信息化水平。通过硬件、软件、培训、安全管理反映 IT 基础设施符合一般认识，但在企业相对比较时，不容易统一标准，也难以体现 IT 发展趋势。比如，投入力度大，不一定 IT 基础设施就好；百人计算机拥有量高不一定企业信息化水平高；企业拥有的数据库数量多不一定信息管理得好。因此，有必要从更本质、更抽象的角度衡量 IT 基础设施。

本节将 IT 基础设施分为共享程度和服务程度两方面。共享程度可从共享的区域和共享的信息范围两方面体现出来。共享区域描述 IT 基础设施可以连接的地点，共享的信息范围描述在具有不同硬件和软件的系统与设施之间可以直接和自动地共享 IT 服务类型的能力。区域变化的范围可以从单个的业务部门到任何人、任何地方，而信息变化的范围包括从传统的信息传送到数据传输直到在不同的应用系统之间进行复杂的事务处理。共享程度的区域和范围可用下图表示。IT 基础设施服务程度可以从服务的数量、深度和效果中体现出来。深度主要表现为选择性地提供和广泛性地提供两种情况。选择性的服务仅提供基本层次的功能性服务，这种服务不是在所有的业务部门都能获得，其使用是非强制性的。广泛性的服务意味着该项服务的功能性很强，提供给所有的业务部门，并且其使用是强制性的。

第二节　企业经济管理信息化的发展现状

一、我国信息化发展现状分析

（一）我国信息化建设的现状

我国的信息化经过 20 多年的建设，取得了辉煌的成就。产业规模迅速扩大、信息市场快速兴起、信息基础设施建设已经具有相当规模、电子信息产业结构调整初见成效，相关产业经济得到大幅度增长，政府的监管能力、工作效率和服务水平也不断提高。但是，信息化在我国毕竟是一项新事物，发展水平仍然较低。还存在着许多亟需解决的问题。

（1）对信息化的重视程度不够。目前，我国仍然对信息化的重要性和全球信息化发展给我国带来的巨大压力缺乏清醒的认识，缺乏紧迫性和危机意识，总体上仍停留在工业化的中期阶段，没有赶上世界发展的趋势。

（2）投入偏低，创新能力不足。我国对信息技术的投入长期不足，这是我国信息化进程缓慢得一个重要原因。同时，我国的创新机制和体系尚未真正建立，企业还没有成为信息技术研究开发的主要力量，技术成果转化的渠道不畅通，自主开发实力不强，对引进技术的消化吸收和二次创新也明显不够。

（3）信息资源的开发和利用不足。长期以来我国信息资源开发和利用明显滞后于信息基础设施建设，以中文为基础的信息内容严重不足，还不到互联网总信息量的1%，无法满足人们的信息需求。同时，信息内容仍然以娱乐和新闻为主，数据资料等信息量较少，信息结构不合理。

（4）地区发展不平衡。由于各地经济社会发展的不平衡性，地域之间的信息化也出现了极为严重的数字鸿沟现象，这种地域性信息化不平衡现象的表现是城市高于农村，东部高于西部，沿海高于内地。

（5）网络不能真正互联。虽然我国从 1999 年就开始着手政府上网和电子政务工作，但缺乏统一的安排，各部门自成系统，限于内部使用，重复建设严重，互相不连接，使用效率不高，而且面向社会提供的服务也很少。

（6）信息化立法滞后。我国至今尚无一部专门的电信法规和互联网的相关法律，现有法律中存在大量不适应电子商务发展的条文，这种状况导致我国网上信息安全、个人隐私、网上交易等缺乏法律保障，网络知识产权、信息版权、互联网域名等缺乏有效保护。

（7）信息化人才匮乏。我国长期以来信息化人才的培养能力不足，许多高校还没有设立信息技术专业，全国基本上没有专门的信息化系统。目前我国从事信息化工作的人员大部分所学的是计算机专业，而其中少部分是工程类和管理类专业，真正信息管理专业毕业的是少数。显然，这样的人才素质结构是无法满足信息化要求的。

（二）我国信息化与发达国家信息化的对比

1. 主要发达国家和地区的信息化状况

（1）美国。

美国是最早进入信息社会的国家，因特网发源自美国，美国拥有世界最发达的计算机网络和最大的量的网络用户。早在 80 年代初美国从事信息劳动的人数已经超过了 60%，美国社会信息设备普及率也居世界第一。到 90 年代初，美国微机装机容量接近世界总装机量的 50%。在通信方面，美国在提出"信息高速公路"计划时，有线电话就已经普及，移动电话的拥有量已经超过 1 千万部，铺设光缆总长度达到 800 万英里，综合业务数字网（siDN）也已率先进入普及阶段。

（2）日本。

日本一直十分重视发展信息技术。在开发微电子技术方面，80 年代以来，各大电子公司以平均每三年开发出一代新产品的速度占领市场。在计算机技术方面，日本宣布已研制成功第五代计算机并行网络系统，并开始研制能模拟人的形象思维的第六代计算机。在通信技术方面，日本电报电话公司（NTT）在世界上首次开发出光弧粒子控制技术，成功地进行了以每秒万兆位传送百万公里的通信试验，其通信市场和终端机市场规模在当时居世界第二。90 年代初全世界机器人的总拥有量约 30 万台，日本一国就拥有近 20 万台。

2. 我国信息化发展状况与发达国家的比较

（1）信息化整体水平的比较。

通过前文我国与主要发达国家信息化发展状况的介绍，使我们对世界各国信息化发展水平有了一个总体的印象。由此，可以将我国与发达国家信息化水平进行对比研究，以指导我国信息化的未来发展方向。

在信息总量方面，我国处于接近中等的水平。网络用户人数上，我国领先韩国以及部分欧洲国家，但却是美国这一指标的1/12.36；而主机数方面，我国的指标过低，是美国的1/759.57倍，因此，因特网主机数已经是我国网络发展的重要瓶颈，增加主机数量是今后的重要发展方向；在计算机的总量上，我国与英国、法国较为接近，但只是美国的1/9.10；移动电话数排在第3位，领先大部分国家，仅低于美国和日本。然而在人均数量方面，无论哪一个指标我国都是最低的，这是我国一个老生常谈的问题：人口基数过大。与绝对数指标相比，相对数指标更能体现一个国家的真实信息化水平，因此，应该说尽管我国多年来信息化的建设成绩突出，发展迅速，但和世界上多数发达国家相比还存在着相当大的差距；而另一个方面也说明了，我国的信息化建设空间仍然十分巨大，在未来一段时间里仍然会保持高速发展。在有效控制人口增长的前提下，如何继续加快信息化水平的提高，是我们要研究的重要课题。

（2）信息能力的比较。

在宋玲的《信息化水平测度的理论与方法》中，采用综合评分分析法和主成分分析法，根据1998年的数据，对世界28个主要国家和地区的17个信息能力指标进行了测算和比较。得出了这28个国家信息能力总得分与排名以及构成信息能力四个方面的得分与排名。可以看出，美国和日本是信息能力最强的国家，而相对来讲，日本的各方面能力比较平均，都处在世界前三位，发展的态势更好。我国的整体得分只有6.17，为美国的8690，在参与计算的28个国家中，仅强于巴基斯坦。信息技术和信息设备的利用能力，主要由每千人拥有的计算机、电话机、电视机、收音机、移动电话和网络用户数量等指标测得，美国、日本以及新西兰处于领先地位，而这一指标是我国排名最靠前的一项，处于21位；信息资源开发与利用能力，主要由每用户打国际电话时间和每百人报刊期发数等指标测得，新加坡处于第一位，美国却仅处于第10位，而我国这项指标仅有1.73分；信息化人才与人口素质指标，主要根据每万人平均科学家和工程师、第三产业劳动力占社会劳动力的比重以及大学入学率水平等情况测得，第一位是加拿大，其次是美国和日本，这一指标我国处于最后一位，可见，我国人才的匮乏是相当严重的，这也是制约我国信息化发展的重要因素；国家对信息产业发展的支撑状况，主要根据人均电信投资、第三产业占GNP的比重、研究开发占

GNP 的比重，人均 GNP 水平等指标测得，日本、德国排在第一、二位，说明它们对信息化的重视程度较高，投入较大，而我国同样处于最后一位，这表明我国的信息化仍然需要政府的大力支持。

二、我国企业管理的信息化发展现状

（一）我国企业信息化建设的现状

我国早在 50 年代就已经把计算机引入了重点发展领域，但实际上企业信息化的发展仍然是在 80 年代开始的。至今，主要经历了三个阶段：①会计电算化阶段；②财务业务一体化阶段；③从经济管理软件或制造资源计划（MRPII）转向企业资源计划（ERP）阶段。发展的方式主要有：①通过国家 863/CIMS 工程来带动实施企业管理信息化；②企业自主开发管理软件实施管理信息化；③购买国内外软件实施企业管理信息化。经过这 20 余年的发展，我国企业信息化建设已经有了一定的基础和成效。2001 年第三季度，国家经贸委对国家重点企业进行了"企业信息化水平问卷调查"，从中选出 2000 年 TI 投入最大的 100 家企业发现，国内重点企业的信息化应用正从基础系统应用向综合系统应用过渡。问卷调查反映的情况包括以下一些方面：

1. 投资情况

2000 年，百家企业投入信息化建设的资金达到 1.97 亿元人民币，占营业收入总额的 1.59%。百家企业"九五"期间信息化建设总投入达到 73.6 亿元人民币，形成资产金额达到 65.9 亿元，其中 78 家企业预计"十五"期间信息化建设总投入为 231.8 亿元。这表明未来 5 年内，百家企业信息化建设投入将增长 300%。

2. 企业实施计算机辅助设计／制造（CAD/CAM）情况

从计算机辅助设计／制造（CADICAM）情况来看，我国企业信息化的程度虽然有了较大提高，但仍需提高整体水平。

3. 基础性和综合性管理信息系统（MSI）建设情况

基础性管理信息系统包括办公自动化系统、企业管理信息系统等。百家企业在基础性管理信息系统已累计投入 15.5 亿元人民币。综合性管理信息系统包括 MRPII、ERP、CIMS 等业务处理系统。与基础性管理信息系统相比，综合性管理信息系统是企业今后信息化建设的方向。

4. 企业 WEB 网站建设情况

据统计，百家企业 87Vo 建立了自己的网站。至 2000 年末，平均每家企业在网站建设、维护和升级方面形成的固定资产达到 245.3 万元人民币。在这些企业中，49.4% 的企业每周至少可以更新一次信息，3.09% 的企业每月可以更新一次信息，信息容量平均在 6713M。

5. 企业网络安全系统的应用情况

2000 年网络安全系统已经成为百家企业未来信息化建设的重点项目，百家企业 2000 年平均在网络安全方面的投资为 64.05 万元，而 2000-2002 年百家企业平均每年投入将达到 235.85 万元人民币。

6. 电子商务应用情况

百家企业中有 37% 的企业已经开展了电子商务，但仅有 13 家企业统计出了网上交易额，究其原因，20% 的企业认为信息化基础薄弱、人才缺乏是开展电子商务过程中遇到的突出问题。但大部分企业对电子商务的重要作用都有一定的认识。

29% 的企业认为电子商务可使企业快捷地获取信息，25% 的企业认为电子商务改善了企业形象，降低了成本；22% 的企业认为电子商务使企业更新了观念并提高了工作效率；16% 的企业认为电子商务扩大了企业的销售。

7. 经济管理信息化情况

财务信息化是企业信息化的基础，2000 年企业经济管理信息化是企业信息化建设的重点。百家企业已经形成良好会计电算化基础，财务信息化的基础一科目的编码化，已全部实现的企业达到 70%，另有 27.6% 的企业部分实现。采用的科目编码标准以国内行业标准为主，其次为企业内部标准，仅有 1.1% 的企业采用了国际行业标准。

8. 信息化人才、队伍情况

从百家企业来看，信息化人才队伍不断壮大，信息技术人员由去年的 12810 名增长到 22054 名，其中高级信息人员也呈现出成倍增长的态势，工程师和高级工程师人员分别达到了 1187 名和 3326 名，占技术人员的 50.7% 与 15.1%。

9. 企业未来信息化发展计划情况

对于目前企业信息化实施效果，百家企业中七成以上的企业认为较为满意，1.049% 的企业很满意，仅有 1.49% 的企业认为效果不佳，没有达到预期目的。未来百家企业将以 ERP、办公自动化、Intarnet 建设、电子商务作为下一步建设重点。总体来看，我国企业信息化建设的成效是显著的，但整体水平仍然很低。据中国电子信息产业发展研究院（CCID）赛迪资讯顾问有限公司发布的《2001 年中国企业信息化研究报告》显示，我国企业信息化应用总体上仍然处于初级发展阶段。企业无论在信息化基础设施建设、应用水平，还是电子商务的认知度、参与程度等方面都远远低于发达国家。在 IT 终端产品及外设方面，被调查企业具有较高的拥有率；而基于网络应用的路由器、交换机等网络设备的拥有率不尽如人意。特别是 SCM、ERP、CRM 等管理软件应用具有较大的空白：75% 的企业电脑应用还继续停留在文字处理、财务与人事管理等基本信息处理方面。已拥有局域网或使用互联网的企业，企业间业务联系仍主要依靠传统的电话、传真和邮件；调查的 13 个行业中有 22.3% 的企业参与了电子商务，利用网络进行供应链集成、分销渠道管理、网上销售的比例分别占 .93%、18.6% 和 51.4%，大多数企业主要利用互联网进行信息查询（7.29%）和发布（71.4%）。同时，我国各地区、各行业及不同规模的企业信息化建设与应用水平极不平衡，沿海地区的信息化建设和应用水平好于其他地区；汽车行业、电子行业、贸易行业参与电子商务的企业比例较高；大型企业的信息化进程明显快于中小型企业。

（二）我国企业信息化与发达国家企业信息化的对比

1. 美国企业信息化概况

美国是世界上信息化水平最高的国家，企业信息化方面同样如此。电子计算机、电话机、传真机、复印机，机器人等等大都是最早产生于美国，然后才逐渐扩散到其他国家。美国企业的信息化进程是随着对 Intemet 技术的应用而不断地发展起来的。20 世纪的 70 年代 E-ma．I 已经基本普及。到 1995 年，以 WBE 技术为代表的信息发布系统，迅速发展起来，为企业信息化的建设奠定技术基础。Internet 和 Intranet 也成为企业信息化建设的基本方式，一些基本的商业信息，已经是通过 Intemet 和 Intrnaet 传递了。

办公自动化（OA）的概念最早起源于美国，目前正朝着系统化、标准化、结构化和综合化方向发展。美国目前正在实施计算机集成制造（CIMS）的企业大约有 10 万家。据 90 年代中期对 10 万家实施 CIMS 的美国企业调查分析，处于起始阶段的 76Vo，处于发展阶段的 22%，处于成熟阶段的企业不及 10%。

目前，美国企业信息化已经开始进入电子商务（Elecrtnoic Commerce）阶段。CE 是 Internet 最终的主要商业用途，是一个划时代的产物。它在美国同样快速发展，1987 年美国还只有 2000 家公司参与，1993 年已有 24000 家企业使用电子数据交换（EDI），其年增长速度为 10%0。1992 年 EDI 市场的销售额近 3 亿美元。到 2001 年，美国的电子商务营业额已经超过 5400 亿美元，居世界第一位。

2002 年，根据对美国企业信息化 500 强的统计，这些企业在信息技术投资的平均水平为 3.2 亿美元，其中金融公司的投资额度最高，占到公司年收入的 7.6%，媒体、娱乐、以及电信类企业次之，为 5%。当年，2490 美国本土企业的年收入全部来自以网络、EDI 系统以及其他电子渠道为基础成交的电子商务，比 2001 年上升 4 个百分点；将近 60% 的美国本土企业声称他们的电子商务已经在盈利，2001 年这个数字仅为 47%。

2. 日本企业信息化情况

日本是信息化水平处在第二位的国家。其政府对信息化的重视以及对企业信息化的大力支持，使得日本企业信息化的发展十分迅速。例如，政府对信息化改造项目负担 50% 的费用，企业只需自筹一半的费用；政府对项目发放无息或低息贷款；为中小企业举办信息化讲座，免费为企业提供软件人员信息培训等。这些措施的实行，使日本企业普遍实现了信息化的初级阶段，实现了资源的优化配置，提高了企业的国际竞争力和把握市场变化的能力，信息化建设的成效也随之体现在企业业绩之中。

日本企业本身也非常重视信息资源的开发和利用。根据美国克利夫兰咨询公司的调查，日本 800 人以上的工业企业都拥有信息处理中心与信息库，97?1。的企业进行市场预测与制定中、长期规划，55% 的大企业拥有海外情报机构。90 年代中期，一般日本规模企业均将销售收入的 1.5% 作为信息化建设的再投入。

三、我国企业经济管理信息化的健康发展

（一）我国企业经济管理信息化发展中的不和谐因素

我国整体企业信息化水平较低，存在着诸多的问题。要提高我国企业信息化的水平，就必须仔细分析这些问题，提出有针对性的策略。根据和谐管理理论的分析思路，对我国目前企业信息化中的不和谐因素分类分析如下：

1. 构成不和谐因素

（1）信息化应用水平不高。从企业信息化进程来看，信息系统建设水平目前尚处于一般事务处理和简单信息管理的阶段，很多企业应用信息系统之后资源不能共享、信息化建设综合优势也发挥不出来。局域网的应用也主要停留在信息共享的层面上，生产控制方面的应用很少。

（2）企业信息化投入力度不够。根据洛桑管理经济学院统计，我国计算机使用

量占全球使用量的 1.12%，排名第 12 位；新信息技术满足企业需要程度却仅为 3.83 分（满分为 10 分），排名倒数第 3 位。这些数字说明我国信息化发展已严重滞后。我国企业用于信息技术和设备投资累计仅占总资产的 0.3%，与发达国家大企业在信息化上的投入占总资产 8%"10% 的水平相距甚远。这使我国企业的信息化程度远远低于发达国家。

（3）企业信息化人才匮乏。目前我国企业中从事信息化工作的人员大部分所学的是计算机专业，而其中少部分是工程类和管理类专业，真正信息管理专业毕业的是少数。据国家信息化测评中心发布的报告。2000 年，我国信息化人力资源指数为 13.43，滞后于信息资源开发利用、信息网络建设、信息技术应用、信息产品与服务、信息化发展环境等因素，成为制约我国信息化持续发展的瓶颈。杨芙清院士在接受采访时提到目前我国信息产业和软件产业的从业人数是 59 万，日本是 120 万，美国是 240 万。可见，我国信息化人才无论在数量上和质量上都不能适应要求。

2. 组织不和谐因素

（1）企业管理基础薄弱。企业信息化对企业的管理水平有很高的要求，需要企业有良好的管理基础。而我国很多企业管理基础薄弱，管理意识淡薄、管理手段缺乏、管理措施落后、管理基础数据缺乏，企业内部产品编码、管理编码等技术标准、规范不统一，组织管理不合理，这对信息系统的建设造成了极大的困难，严重制约企业信息化的建设和应用。

（2）企业信息化领导团队构成不合理。企业信息化领导团队是推动信息化的主力军。团队中，应该包括两类人员，一类是管理人员，另一类是技术人员。这个信息化团队是一支"一把手"团队，即由各部门的负责人组成，他们要拥有决策权。而我国许多企业在进行信息化工程时并没有认识到这一点，团队中的人员无决策权，这样就使信息化的政策难以得到执行，信息化的推进十分困难。

（3）内部环境不和谐因素。

1）我国许多企业观念落后，对企业信息化认识不足。企业信息化是一项复杂的系统工程，需要企业领导的大力支持与关注。而有些企业领导对企业信息化的认识不足，致使必要的硬件和软件投入得不到保障。部分信息人员认为技术越先进越好，系统功能越强越好，而不管企业的实际需要如何，没有充分意识到信息化对企业管理、运作模式的深刻影响，这使信息化工作难以推进。

2）企业内部沟通不充分。我国企业中，复合型人才较少，管理人员往往不懂得信息技术，而技术人员对管理也了解不多。这就需要两类人员之间要有良好的沟通，在信息化的过程中，他们应该经常的交流，获得彼此所需要的信息，相互配合，才能将信息化做好。而目前我国企业信息化失败，往往就是因为沟通工作没有做好，这已经成为影响信息化工作的最重要因素。

（4）外部不和谐因素。

1）政府和管理部门支持不够。政府和管理部门对企业信息化的认识不足，对利用信息技术改善企业管理的巨大作用了解不够，相关政策制定落后于企业的探索和实践，缺乏对企业内部业务管理信息化工作规划和引导。政府在制定鼓励性的政策措施，加大在技术、资金、通讯基础设施建设等方面力度不大。

2）我国整体信息化水平较低。我国社会信息化总体水平不高，缺乏企业信息化的统一规划、相关的标准和规范；缺乏充足的资金投入信息基础设施建设；缺乏信息服务的良好宏观环境；社会经济秩序不规范；缺乏信用消费体系和安全保障系统。我国已经成为全球固定电话和移动用户最多的国家，但全国电话普及率仅为24.4%。而在企业信息化方面，我国企业只有10%左右实施了 ERP 和 CRM 方案，6% 左右实施了 SCM 方案，绝大多数企业的信息化水平还停留在文字处理、经济管理等办公自动化以及劳动人事管理阶段。

3）社会中介服务机构不健全。我国市场经济还不成熟，现货市场、有形市场还不完善，企业信用较差，目前尚无专业从事企业信息化工程实施或监督的机构，以企业管理诊断和重组为特长的咨询机构也不多。对企业信息化的评价认证缺乏统一的标准和实施监理制度。

4）电子信息产业核心技术落后。虽然中国正在成为一个电子信息产业的生产大国，但是以集成电路及软件为代表的电子信息产业核心技术的滞后，影响了我国企业信息化的深度和广度。

5）传统产业的装备及技术水平落后。我国传统产业的整体水平还很低，重复建设、组织结构和布局结构不合理的问题十分严重。据第 3 次全国工业普查统计资料显示，我国机械制造业所属大中型企业的主要装备水平达到国际水平的占 3.2%，属国内先进水平的占 10.9%，属国内一般水平的占 54.6%，属国内落后水平必须淘汰的占 31.30h，。我国传统产业现有的技术及装备水平在一定程度上限制了我国电子信息技术的广泛应用。

6）企业信息化建设成本较高。现阶段，我国厂商主要提供 PC 机、显示器、终端等产品，能够提供企业信息化全方面一条龙服务的厂商少之又少。这是导致企业信息化成本高、建设周期长、后期维护与协调困难的重要原因。

7）企业信息安全有待加强。企业信息安全的意识还不强，大部分企业仅采用安装防病毒软件和建立防火墙作为网络安全防护措施。少部分企业采取了入侵检测系统来保护企业系统免受外部攻击，而在安全审计、网站自动恢复等方面却基本没有采取措施，我国企业尚未建立完整的信息安全保障体系。

（二）我国企业经济管理信息化健康发展的技术基础

数据库是数据管理的最新技术，是计算机科学的重要分支，近年来，数据库管理系统已经从专用的应用程序包发展成为通用的系统软件。由于数据库具有数据结构化、最低冗余度、较高的程序与数据独立性、易于扩充、易于编制应用程序等优点，较大的信息系统都是建立在数据库设计之上的。因此，不仅大型计算机及中小型计算机，甚至微型机都配有数据库管理系统（DBMS）。DBMS通常要提供数据描述语言（DDL）和数据操作语言（DML）。DDL用于定义数据库全局逻辑数据结构，包括所有数据元素的名字、特征及其相互关系，还定义有关数据库的安全、完整性措施。DML则是用户存储、检索、修改、删除数据库中数据的工具。

数据库的类型主要有：网状数据库、层次数据库、关系数据库、面向对象的数据库等几种，其中当前应用比较广泛的是面向对象的数据库技术。面向对象的数据库将所有的控件视为对象（object），即表单、文本框、按钮、标签等等，定义对象的属性：即对象的性质，如长、宽、放的位置、颜色、标题、字体大小等等；事件（event）：就是对对象所做的操作（或者系统对某个对象的操作），如按钮被按动（单击）、对象被拖动、被改变大小、被鼠标左键双击等等；方法（method）：指对象所固有完成某种任务的功能，可在需要的时候调用。面向对象的数据库支持类、子类、对象、继承、封装、多态性等面向对象程序设计。

一般数据库设计多参照ANSL/SPARC关于数据库模式的3层标准结构提案。最接近物理数据库的内部模式由DBMS提供的SQL来描述。概念模式可以由若干个内部模式聚集而成，它是由数据库用户规范的一些表的集合。一般的概念模式是数据库物理模式作用域的边界，它能实现数据库的物理意义、特定DBMS的特殊操作及对外部应用程序的信息隐蔽。外部模式是从特定用户应用角度看待的数据库模式，从不同的应用出发对同一概念模式可以给出多种不同的外部模式。

数据仓库（Data Warehouse）的概念是20世纪90年代初提出来的，至今仍在不断发展、丰富和完善。它是当前解决企业在经营管理和决策活动中遇到的数据泛滥而信息贫乏的一种比较有效的解决方案。美国的W. H. Inmon博士对数据仓库的定义为："数据仓库是面向主题的、集成的、稳定的、不同时间的数据集合，用于支持经营管理中的决策过程。"数据仓库为不同来源的数据提供了一致的数据视图，一经与数据挖掘、联机分析处理等数据分析技术相结合，即实现了为用户提供灵活自主的信息访问权利、丰富的数据分析与报表功能的目的，使企业数据得到充分的利用。

第三节 企业经济管理信息化的发展策略

一、构建良好的环境体系

（一）政策环境建设

政策引导着企业信息化建设的方向，决定着企业信息化建设的整体形势。政策引导对企业信息化的推动作用是巨大的。目前相关人员已经充分认识到了信息化的重要性，并采取各种方式支持信息化的发展，已经收到了良好的效果。在今后的工作中，仍应加大力度，扶持信息化的发展。

首先，发挥政府导向作用。政府要切实转变职能，建立以市场为导向的竞争机制，加强政策研究、规划指导、加快市场经济体制的建设，建立现代企业制度，让市场促进企业信息化的建设。同时通过政府引导，明确企业信息化的重要作用，发挥企业的积极性，并以优惠政策支持，推动企业信息化的发展。

其次，着力加强信息产业的发展。信息产业已经成为国民经济发展的支柱产业，并发挥着越来越重要的作用。需尽快制定系统、明确的信息产业政策，扶植信息产业的发展。经济水平整体上还处于工业化阶段，应在已有的工业化基础上，充分利用国内外信息技术和产业迅速发展的机遇，加快信息资源的开发和信息化建设。因此，信息技术应用于传统产业改造是一条重要的道路。此外，还应加大企业信息化软件产品的开发工作，制定相应的政策，对软件开发企业给予政策支持，推进软件产业的发展。

再次，加大政府的资金扶持力度。通常政府通过三种方式支持企业信息化的建设：其一，政府对项目补贴50%，企业自筹50%；其二，政府全额支付科研项目的费用，科研成果由政府与开发人员共享；其三，政府对项目发放低息或无息贷款。若企业经济实力比较薄弱，企业研发及信息化建设的投入十分有限，则应该从财政资金中拿出一部分给企业信息化建设以补助，对企业实施信息化改造的项目金融部门给予优惠贷款，对企业实施信息化过程以及信息技术研究开发给予税收优惠，增加企业信息化专项基金数额和支持方式，针对企业信息化的重点发展领域，推进基础研究、新技术开发以及示范工程项目的建设。对企业的技术改造项目要安排一部分信息化建设配套资金，同时列入计划，申请贷款和争取贴息。企业实施信息化过程中有关部门设备、软件的购进，在财务核算、摊销年限和折旧办法等方面予以鼓励。

最后，还要做好社会舆论宣传工作。让大家都了解信息化，支持信息化。形成一种信息化建设的良好氛围，并对在推进企业信息化工作中成效显著、贡献突出的单位及个人予以奖励。

（二）服务体系构建

企业信息化是一项综合性的系统工程，需要良好的外部环境。应该支持和培育企业信息化服务体系的建设，充分发挥社会中介组织的作用，调动社会各个方面的有效资源为信息化服务。并应首先致力于咨询服务体系、人才培训体系和技术支持体系的建设。在咨询服务体系方面，可以通过专家的咨询和诊断，帮助企业找到管理中存在的问题，确定改进管理、流程重组的切入点，并通过对软件企业及产品的考察、认定，向企业推荐资信好、产品可靠性强、价格合理的软件商，帮助企业选择合作伙伴，提高企业信息化建设的成功率。在人才培训方面，应适应企业实际需要，，组织多层次的培训，以培养复合型人才为目标。在技术支持体系方面，通过建立企业信息化服务平台，为企业承担网络设备、系统维护等业务托管服务，以发挥规模效益，降低系统运营成本为目标。

（三）网络环境发展

目前的网络环境仍然较差，这也是制约企业信息化发展的一个因素。政府作为企业信息化的总指挥，首先应实现自身的信息化。实践证明，以电子政务促进企业信息化和电子商务的发展是一条有效的途径。政府是整个社会的管理机构，它的信息化将使整个社会的效率提高，同时也可以在网上完成政府职能，提高政府的办事效率。

此外，政府应该调动多方力量，培育适应企业信息化建设的网络环境，增强核心传输网能力，建设互联互通的骨干网，大力发展城域网和移动通信，支持建立先进的互联网数据中心，为企业尤其是中小企业提供虚拟主机服务，开展主机托管、数据交换、系统维护升级、网络增值服务等各项专业服务，实现网络、设备、软件系统和信息资源的充分共享。而针对我国目前存在的网络安全问题，应该组织开展安全体系、安全对策、安全标准、安全技术和设备的研究，从信息安全的组织管理、安全技术研发、安全产品制造、立法与执法、安全基础设施建设、人才教育与培训、应急救援等方面综合构建国家信息化的安全保障体系，支持开发具有自主知识产权的安全产品，建设和完善各级信息安全测评认证与信息安全管理中心，维护企业信息系统的安全性。

二、经济管理信息化人才的培养

（一）人才构成与职责

1. 首席信息官（CIO）

企业必须首先有一个信息化的领导者与推动者，这个领导者就是CIO，他对企业的信息资源管理负有全面责任。他要从企业的全局和整体需要出发，直接领导与主持全企业的信息资源管理工作。他必须是一个业务人员，充分了解企业的业务流程，因为CIO做贡献的能力是直接和他的业务知识，而不是他的技术能力成正比。他必须有充分的权力来推动信息化，要和企业的CEO配合无间，他要非常清楚企业的发展方向，并且明确，他正和CEO两个人共同向着这个方向努力。CIO必须是真正的复合型人才一，要既懂信息技术又懂企业管理，了解国内外信息技术发展及应用情况，理解企业信息化的内涵，清楚企业信息化建设和开发应用的策略、方法与步骤，全面负责企业信息化建设的规划、管理，领导企业内信息资源管理职能部门，统一领导与协调企业其他部门信息资源的开发、利用与管理工作，组织信息化建设工作的具体实施，指导企业信息系统的运行。

在对500名COI所做的调查中，70%的人认为通往成功的关键是有效的沟通；58%的人选择谙熟商业流程和运作；而46%的人则认为战略性的思想和计划能力很重要。可以看出，现在的CJO对信息化有了更为深刻的理解。以上几项中沟通是最难以训练和培养的，也是最重要的，未来C10要具备的素质是理解人、认识人，从而建立良好的人际关系，这样在工作中才能充分调动各方的积极性，发挥各部门应有的作用。此外，CIO还需要有敏锐的预见能力，当企业所在的经营环境发生了变化时，他必须能够敏锐地预测到这种变化可能产生的后果，并能够判断它对自己企业所带来的影响，以及今后对于企业经营所产生的新的机会，针对这一变化，做出相应的对策调整，把握机会，规避风险，从而保证企业在市场经济的竞争中保持其优势。

2. 管理人员与核心技术人员

这类人才是企业信息化工作的中坚力量。首先，企业需要具有一批核心管理人员，他们要能够正确熟练地运用企业信息化平台，辅助制定决策，组建基于信息化系统有效运行的工作团队，保证信息化系统最大的发挥效用。另一方面，企业信息化系统运用了大量的信息和通信技术，要保证系统的正常运行，需要强大的技术支持，信息化应用技术人员必不可少，这其中包括系统建设人员和系统维护人员。

系统建设人员需要熟悉计算机及网络知识，他们的职责是对企业的信息系统进行建设，使之有效运行。系统建设人员还包括系统分析人员、系统设计人员和程序员等等。其中系统分析员在整个信息系统建设过程中起基础性作用，是系统开发者与实际应用者的桥梁，他们需要掌握公十算机软件工程、企业管理、系统理论等多方面的知识，在工作中要从企业的各种业务需求中抽象出数据需求，并能够在这个过程中带领其他人员分析系统的现状，发现和更正企业经营过程中不合理的业务过程，确定系统的目标，进行可行性分析，把计算机技术与产品设计、制造工艺与生产经营管理技术结合起来，并与信息系统的使用者一起来开发新的系统和改进现有的系统。在工作过程中他们还要和大量的企业管理人员和工作人员进行交流和沟通，因此还要求其具有较好的沟通能力。系统设计人员和程序员的工作是根据系统分析报告完成系统的逻辑设计。这就要求他们必须精通计算机语言、软件工程方法和管理信息系统原理。

系统维护人员的工作主要集中在系统建成后的使用阶段，任何复杂系统在建设中都不能保证绝对正确，其在运行过程中经常会出现各种软硬件问题，因此必须要不断的进行维护以保证物理设备可靠运行和系统数据的正确性，这就是系统维护人员的主要作用。为此，他们需要掌握各种计算机设备及网络系统，对其进行安装调试，对运行情况进行检控，及时维护，预防故障发生。

3. 执行层人员

执行层人员主要是指系统操作人员，这类人才是企业信息化工作的基础人员。他们是系统的直接使用者，因此他们必须能够正确掌握信息化工具，并对外部信息能够快速而准确地采集、录入系统和从系统中得到所需的管理数据，以保证企业各部门通过信息系统高效协同工作。企业信息化系统建好后最重要的是运用，他们必须能够真正理解企业信息化的内涵、正确掌握信息化工具、实施正确的安全策略并具有对外部信息能够作出快速而恰当反应所具有的协同工作的能力。

（二）人才素质

1. 丰富的知识

信息化人才，必须掌握允分的业务知识，这包括宽厚的基础知识、全面的数学方法和计算机应用技术以及扎实的经济和管理知识和一定的人文社会科学知识，并能够在实践中正确运用，这是信息化人才发挥作用的基本条件。不同岗位的信息化人才，需要的知识构成是不同的，各类人才都有相应的知识，他们必须具备实际组织和建设信息系统的能力，并能够维护系统的正常运行。

2. 敏锐的头脑

信息化人才需要有敏锐的头脑，才能对经济活动中出现的各种问题作出科学而正确的决策判断，提出正确的企业战略。而企业战略所研究的都是属于全局性、整体性和长远性的问题。科学的战略可以开拓企业的未来，引导企业走向成功。因此，信息化人才必须具有这种敏锐的头脑，和胸怀全球的战略思想。

3. 创新能力

创新是任何企业走向成功必不可少的要件，创新能力则是指复合型人才应能不断激发创新意识、培养创新能力。企业信息化往往涉及到企业流程的再造，这对企业而言，实际上是企业经营管理全面创新的一个过程，信息化人才必须充分发挥创新能力，使再造后的企业流程实现高效的运作。这要求复合型人才在实施企业信息化时，还要具备坚韧不拔的进取精神和不怕挫折的顽强毅力，敢于创新，才能创造出一个崭新局面。

4. 学习能力

学习能力是指复合型人才应具备不断更新知识、学习新技术、新知识的能力。现在市场竞争越来越激烈，涉及方方面面，而信息化本身的涵义，也在不断的丰富，这对企业信息化人才的要求不断的提高，因此，信息化人才必须不断的自我增值，学习先进东西，才能保证企业的需要不断得到满足，才能使企业信息化顺利地实现并不断保持先进性。

5. 沟通能力

企业信息化是一项复杂的大工程，是多种知识综合实践的过程，涉及多方的关系，无论高层，中层还是执行层人员，都需要有良好的沟通能力才能使信息化顺利地进行下去。其整个过程，包括系统的建立、使用和维护都需要所有参与人员发扬团队合作精神，相互学习，进行有效沟通，以确保系统能得到充分发挥。

6. 责任心和事业心

企业信息化是一项庞大的、复杂而艰巨的系统工程。在推进信息化的进程中，可能会遇到各种各样的困难，这要求信息化人才必须具有强烈的责任心和事业心，无论遇到什么困难都能持之以恒，坚韧不拔，利用一切手段克服困难，才能保证信息化的顺利实现。

（三）人才管理对策

由于以上因素的影响，对信息化人才的管理成为了非常重要的一环。企业的制度、规则、惯例以及文化等等会培养出一种氛围，这是企业的行为，而这种行为会间接的影响信息化人才的行为以及能力的发挥。因此企业要想吸引人才，用好人才，必须在这方面多下功夫。具体措施有以下一些方面：

1. 建立有效的激励机制与竞争机制

在管理中，要建立起良好的激励机制，采用多种激励手段，激发和调动人才资源的积极性。激励包括物质激励和精神激励两个方面。物质激励主要满足信息化人才对经济利益的追求，这是人才的基本需要。精神激励主要是满足信息化人才社会属性方面的需要，这一层次内容众多，非常复杂，也是形成企业特色的环节。同时还应该建立适度的竞争机制，根据信息化人才在工作中的表现，以及取得的成果，科学的对其进行评价，奖优罚劣，形成既有动力、又有压力的适度竞争机制。在企业中建立这种良性竞争有利于员工奋发向上，积极进取，不断提高自身素质。

2. 培育良好的企业环境

这包括两层意思，一方面是客观的工作环境，这是基本的条件，要给工作人员以舒适的感觉，并尽量能够方便他们工作；另一方面是更重要的软环境，要让人才感受到企业是尊重知识尊重人才的，让他们觉得企业有足够的空间给他们发挥自己的才能，这样会激励信息化人才继续丰富自己，不断地自我增值，为企业将来的进一步发展积蓄力量。

3. 塑造企业文化

企业文化的建设首先应该注重团队精神的培养，将各种类型的人才牢牢地团结在一起，为了实现企业信息化这一目标而共同努力；其次是良好的学习氛围，通过不断的学习和内部交流提高员工的素质；最后是创新精神，勇于进行创造性的活动，充分发挥企业成员知识结构的整体优势。企业应该多组织员工进行有意身心健康的体育活动，参加野外拓展训练，在活动中培养他们的团队精神和协作能力。

4. 建立战略性人才储备

这是企业的后备策略，由于信息化人才严重供不应求，其竞争十分的激烈，企业的人才管理策略做得再好，也有失去人才的可能，为了防范这一风险，在失去人才的时候不至于造成太大的损失，使企业的信息化工作可以继续，就必须建立起人才、储备。企业要对信息化人才市场的整体状况有所了解，一方面到高校去考察，吸收人才，另一方面也要密切注意竞争对于的动态，对同行业的人才给予关注，经常沟通，做好铺垫，以便在失去本企业信息化骨干的时候，能够及时地补充，保证工作的顺利进行。

二、基础设施建设

（一）信息化建设资金的投入

企业信息化建设是一项投资需要很大的综合性工程。设备的购买、系统的建设与维护、人力的投入以及专业机构的协作等等都需要大量的资金投入。而从黑龙江省目前情况看，绝大多数企业信息化建设资金投入严重不足，并且缺乏长期稳定的资金渠道。这已经成为制约企业信息化建设的重要因素。

企业在信息化建设上的资金投入在一定程度上决定了企业信息化的规模和水平，因此必须强化企业自身的信息化投入，首先，应保证企业信息化建设的资金充足：其次，企业也可以设立专项资金，用于企业信息化的发展。企业的信息化建设需要大量的资金，如果资金不足，必须会制约企业信息化的发展，企业可以通过多元的投资体系，来增加信息化建设的投入资金。例如，企业可以通过增加投资在产品销售额中的比重，或者进行股份制改革，面向社会来吸收资金等等。

企业信息化建设的核心内容是信息资源的开发与利用，企业在不断发展，企业信息化的技术也应当同步升级，因此企业信息化建设之后，仍要对其进行后续的技术升级投入，这是信息化能够取得成效的重要的保证。企业信息化的技术升级投入是必需的，但是要避免这种投入的两个误区：一是认为信息化建设的投入是个无底洞；二是认为信息化建设就是购买和安装设备。这两种说法都是不恰当的，企业的信息化是企业不断地整合资源，提升自身整体素质的过程，企业需要认识到资源对航天科工企业发展的重要作用，重视信息化软件的开发、维护，使企业的资源、管理和技术都能够协调发展。

此外，需要政府与企业两方面的共同努力，实施产业扶持政策，以市场为导向，以企业为主体，充分发挥企业和社会各方面的积极性。在政府方面，要逐渐加大对信息化建设项目的财政投入，并在信贷、税收政策等方面给予大力支持，加强资金导向作用，引导企业加大对信息化应用的投入，鼓励社会资金和民间资金投入企业信息化应用项目：企业方面，首先要对信息化的重要性有充分的认识，才能够愿意投入足够的资金，进行信息化建设，而资金的筹措，需要采取多种措施，例如贷款、引入外资等等，也可以结合技术改造或技术创新项目，将企业信息化建设的资金列入技改或技术创新项目的总投资。此外，在企业信息化建设中，要进行技术、经济的可行性研究，做出详细的投资预算，制定恰当的投资策略，把有限的资金优先用于建设核心业务系统，并注意资金投入比例的合理性，统筹安排资金的使用，兼顾硬件建设和软件建设两个方面，让有限的资金发挥出最大的效能。

（二）以信息资源集成为核心

企业信息资源集成管理与企业信息战略管理过程是同步的，更确切地说，信息资源集成管理是企业信息战略管理的主导方法和主要内核之一，是依据企业信息战略管理过程而展开的。信息资源集成是贯穿企业战略管理全过程的一种主导思维，信息资源集成思维的成熟与否和应用程度在很大程度上决定着企业战略管理的质量和效果。

（1）结合企业竞争优势培育和应用信息资源集成思维。根据 M．波特（Porter）教授的理论，竞争优势归根结底来源于企业为客户创造的超出其成本的价值，而超额价值产生于以低于竞争对手的价格提供同等的效益，或通过为客户提供独特的效益从而获得溢价，即竞争优势有两种基本形式，总成本领先和差异化。而这些都是综合企业内外部信息资源所打造的一种集成的优势或能力，正是集成使竞争对手无法简单地模仿，正是集成为企业提供了可持续发展的基础和潜力。

（2）结合企业核心能力培育和应用信息资源集成思维。核心能力是作为竞争优势来源的资源和能力的集合，核心能力同样是集成的产物，任何单一的能力不可能构成企业的核心能力。核心能力通常应具备 4 种特征，即增值性、稀缺性、难以模仿性和难以替代性。它是在创造性地利用资源的过程中形成的，是一种集成的综合能力。

（3）结合企业价值链的重组培育和应用信息资源集成思维。企业价值链是所有企业价值活动的组合与集成，企业价值链重组的基本方式包括：清除（Eliminate），取消不必要的功能和非增值活动；简化（Smiplify），化复杂过程为简单过程；整合（Integrate），整合相关的特别是重复的功能和活动：自动化（Autmoate），运用信息技术实现企业流程的自动化；新增（New），增加企业不具备但又必需的新功能。联系竞争优势和核心能力进行分析，价值链重组是实现竞争优势和建设核心能力的手段，价值链重组的所有方式都是围绕竞争优势和核心能力进行的，都是一种集成行为。

（4）结合企业信息文化的建设培育和应用信息资源集成思维。信息文化的核心是信息价值观和信息规范。所谓信息价值观是指企业上下对信息、信息资源、知识及其价值和重要性的认知，其实质是确立信息资源观念，肯定信息的价值，尊重信息工作者。切实发挥信息在企业运行、管理和发展过程中的特殊作用。所谓信息规范是指企业在运行和发展过程中形成的用以控制、调整、干预企业信息行为的各种手段，主要包括信息法律、信息政策、信息标准和信息制度等。信息价值观和信息规范本身也是企业在长期的发展过程中所积累的资源,这种资源必须内化为企业管理者和员工的理想、目标、信仰、习惯和自觉的行为方式,才能充分地实现其价值。

(5)结合企业信息化规划培育和应用信息资源集成思维。企业信息化规划的内容主要包括信息化目标、信息技术管理、信息化愿景、信息资源管理、信息化战略、信息化预算、知识管理、信息化组织和信息化环境等。信息化建设一旦步入战略管理阶段,企业就要首先确立战略意识。目前我国企业信息化规划还远未成熟,追赶潮流的思维还比较严重,要改变这种现状,关键是要在信息战略中体现信息资源集成思维,并使这种集成思维成为服务和支持企业战略的指导思想。

(三)信息资源共享

计算机网络基础设施是推进企业信息化建设的前提。良好的网络基础建设能够有效地将企业人、财、物等资源更好地优化配置,这是企业信息化建设要考虑的一个重要方面。

网络基础设施建设主要包括各种信息传输网络建设、信息传输设备研制、信息技术开发等设施建设。随着新经济时代的到来,传统的管理模式在企业运作中的弊端日益凸现出来。一方面各部门之间缺乏有效的信息交流手段,资源共享利用困难,影响企业的运行效率,另一方面信息的下行和反馈行为滞缓,不能高效率地组织好信息资源。这已经不能适应企业发展的需要,在信息化的建设中,就要认清这一缺点,利用现代信息技术来改善传统的生产经营管理模式,架构一个供大家共享资源的信息网络平台,理顺企业关系,使企业能够高效的运转,以充分发挥企业信息化各要素的作用。

具体来说,要在构建企业局域网建立企业信息数据库的基础上,积极建设企业骨干网,使局域网系统、数据库系统在统一的企业网络平台环境下,发挥各自的功能作用,并积极采用新的信息技术支持系统,不断优化局域网系统结构和功能,有效扩充数据库系统设置和功能,使企业的网络平台功能不断优化,信息化水平不断提高。

四、组织管理水平提升

(一)高效化组织体系构建

企业信息化是一项庞大的系统工程,需要强有力的组织保障。根据我国企业目前的情况,需要建立分工明确、责任到位的组织体系,才能适应企业信息化的需要。因此在企业信息化的过程中，要借助现代信息技术，引进现代管理理念，对不适应信息化要求的落后经营方式、僵化组织结构、低效管理流程等，进行全面而深刻的变革。一方面是信息化组织的建设。该组织处于企业战略决策层，参与企业整体战略的制定，具体负责企业信息化的规划、实施，全面协调各部门的信息化建设。，领导机构是企业信息化领导小组，由企业内高层领导、部门领导共同组成，负责整个企业的信息化战略规划审批；信息化的重大技术方案、管理及业务流程改革方案的讨论和决策；批准信息化实施方案、组织机构、管理制度、标准规范。技术机构方面，一般企业设立独立的信息技术支持中心，一些大型企业还在各个部门设立专门的技术支持中心，作为企业信息化建设的主要技术力量。最后就是信息化的基层，包括业务部门的各个岗位，另有专职或兼职人员负责系统的维护工作，系统运行协调工作等。

另一方面是根据企业信息化建设的需要，对企业原有组织结构的改革。传统企业一般呈"金字塔"状的等级结构，往往机构臃肿，调度不灵。针对这一点，我们要变"金字塔"式的等级结构为扁平化的结构，降低流程的中介程度，以业务流程为导向，以压缩合并中间层次为主要方式，调整原有的组织机构，使各部门对自己的业务负责，实行全过程管理，尽量减少中间层的交接，实现数据的快速传递。同时还要提高流程的合作程度，以数据交互为手段，增强业务之间的合作，努力营造信息共享与合作的气氛。此外，另一个方向是变封闭的组织结构为网络的形式，增大组织的能动性和延展性，将自己纳入世界性的网络体系中，构建企业管理的网络化和虚拟化的高级平台，从而提高企业对市场的应变能力、创造顾客的能力、提供优质服务的能力。

（二）科学化管理方式的应用

企业信息化建设的复杂程度较高，因此，在建设中要有"整体观、系统观"，采用科学的管理方式。首先，要实现工作管理标准化。要根据国家有关管理规范，结合本企业管理工作的具体情况，制定通用工作标准及管理标准，并在此基础上制定具体的工作标准。职工的工作内容及要求应定量化，使职工对其应尽的职责有较明确的认识，同时便于企业领导对下属进行考核，从而提高管理水平。其次，要实现企业信息标准化。信息标准化可使信息系统更好地捕获企业内部的生产和经营状况和外部的市场状况，及时提供变化信息，辅助企业领导对企业进行监控，在情况发生变化时，能够及时的采取应对策略。信息标准化的具体内容有经济指标体系标准化、信息流程标准化、单据票据标准化、报表文件标准化、信息开发标准化以及接口标准化等等。最后，还要建立健全各项规章制度，实现定额、、计量、标准、统计、物料及产品编码的规范化管理，提高定额、计量、标准的水一平。数据的采集、统计和录入必须建立严格的责任制度，确保数据的真实性、准确性、一致性和适时性。建立应用信息技术的企业内标准和有关规章制度。

1. 提升信息化建设前的规划能力

到目前为止，已经有许多企业实施了信息化建设，但是大部分没有得到和好的效果，甚至有些企业失败。各个企业失败的原因不同，但是都存在一个共同点，即：在企业进行信息化建设之前没有一个整体的规划。因此，各个企业应该将信息化建设规划作为信息化建设的首要任务。

对于企业信息化规划的制定，需要在对企业总体战略目标和业务规划深刻理解的基础上，并且分析了企业管理的现状、掌握了信息技术发展趋势、提出了企业下一步行动方案以及确定了信息系统各部门的逻辑关系。只有这样才能在今后保证企业信息化建设的全面进行，符合信息化建设的基本纲领和总体方向。当然，事先的企业信息化规划不可能将所有的问题都考虑进去，毕竟企业信息化建设是一项非常复杂的项目。因此，企业信息化规划只能考虑到整体的大方向，对于具体细节的事项，就要根据具体事实进一步考虑。

2. 完善信息化的基础管理工作

企业信息化要得到顺利实施，不仅仅是软件一个方面的问题，还包括诸如数据积累、技术积累、人才积累方面的问题，如果基础数据收集不到，那么决策是很难执行下去的。因此，在企业的基础管理工作中，应贯穿信息化发展的标准，无论是对客户方面还是供应商方面，甚至要求自己的员工方面，都要采取统一的信息化标准。具体有两个基础的问题需要解决：首先在客户和业务数据方面，为了使企业建立良好的数据基础，必须要保证日常运营数据的质量；其次在员工的习惯培养方面，应培养员工运用统一的标准来记录关键信息的习惯。只有这两个方面的改善才能使得企业的信息化得到有效而快速的实施。

在企业信息化建设过程中，有些企业只注重系统的建设，忽略了数据的重要性。即使企业有再好的系统，如果没有准确的数据作为支撑，所有的努力也将是白费。因此，在实施信息化建设时，对于基础管理工作和原始数据的管理，必须严格把关。除此之外，需要加强库存、销售等各种费用的原始凭证管理，建立统一、完整的代码编制系统，确保速记采集的高效和真实。

3. 巩固信息化进程中的应用管理

一方面，随着企业的发展，企业的信息化建设需要不断更新的，与企业的改组、改革相统一。企业的信息化建设不是简单地将计算机替代手工劳动，也不是把以往的管理方式平移到计算机网络上。真正的信息化是将先进的管理理念注入到企业管理中，并且应用现代信息技术对不适的管理方式或者组织结构进行全面改革。另一方面，强大的基础管理也是企业信息化建设非常重要的部分。企业的信息化建设要求企业进行标准化、规范化的建设。因此，企业需要加强企业的基层管理，并通过企业信息化建设的契机，改掉过去在制度的规范、标准上的缺陷，使信息化的管理科学化。

4.加强信息化实施中的管理变革

众所周知，企业的信息化建设中一个非常重要的因素就是企业自身的管理。要想把企业的信息化建设做好就需要一个良好的管理环境，即：从企业的基层管理到企业业务的各个流程等等。但是，恰恰这些是我国很多中小企业所缺少的。因此，规范企业管理、完善企业管理制度、稳定管理机构等等是让企业信息化建设顺利的必要条件。由于企业进行了信息化建设，企业以往的管理和服务方式都发生了很大的变化。企业的业务流程在信息化建设过程中得到优化和企业的组织结构进一步完善是企业信息化管理变革的核心。其中，业务流程的优化就是应用信息技术对企业的业务流程进行创新，使得企业的成本、质量等得以改善。当然，信息技术的应用与企业组织结构的变革是相互影响。所以，企业信息化建设需要考虑企业组织管理变革的能力。

5.加速信息化实施的实时评估改进

在企业信息化建设过程中，企业需要一个不断更新的评价体系对信息化建设进行完善。从表面看，企业信息化评价体系是一个检验体系，实际上，信息化评价体系是企业信息化建设的指导体系。有效的企业信息化评价体系可以帮助企业自身发现信息化建设过程中存在的服务、效率、技术创新等各方面的问题，并且依据具体情况进行针对性的措施改进。

（三）业务流程重组

企业业务流程重组是推动企业信息化建设的基础。从企业信息化的概念中可以看出，业务流程重组的地位非常重要，是企业信息化的基础。这就意味着要进行企业信息化建设，首先就要考虑如何对原有业务流程进行重组。黑龙江省不少企业的管理基础薄弱，管理模式落后，职能部门众多且各自为政，缺乏相互交流和整体的综合协调能力，企业创新意识和市场意识淡薄，这严重制约了企业核心竞争力的发挥。因此黑龙江省企业对业务流程重组的需要是迫切的。企业业务流程重组必须从企业全局的利益出发、采用新观念、运用现代信息技术对企业业务流程进行创新，注重企业业务流程的整体优化，通过突破原有的职能与部门界限，重新组织企业的业务流程，把原来分散的活动用流程的观点优化后组织起来，创造出新的"流"，为工作流的过程管理提供条件，使重建的组织成为面向流程的、以整体团队利益为中心的高效的组织模式。

对业务流程的重组也包含着对数据流的改造。而对数据流的改造，应抛弃原有的框架，突破既定的结构和过程，扩大观察范围，从数据流的构成要素出发对数据流进行重新设计，以产生新的要素组合。一方面是流程要素间逻辑顺序的突破，企业应以加速数据流通为目的，改变流程要素的逻辑顺序，重新设计高效的信息流。另一方面是流程的并行，就是将有先后顺序且后者以前者为基础的串行流程改为并行流程，通过流程之间的信息交互来实现流程之间的匹配，以实现流程的突破性的改变，从而缩短整个流程时间，提高工作效率。

五、风险规避策略

（一）宏观层面的风险规避

1.努力形成企业信息化建设"咨询—监理—评价"的合理体系

由于"咨询—监理—评价体系"机制没有形成，造成缺乏严谨的科学论证，特别是重大信息工程，盲目上马，缺少"第三方"的监理，工程质量无法保证；在信息系统工程完成量的评测标准，企业信息化项目良莠难分，难以做到评价和验收，失败也就很难避免了。因此省市等政府部门应该加大对企业信息化的监管力度，除了处理在资金上的扶持外，还应该设立专门的咨询中心、监理机构、以及评价体系，做到"咨询—监理—评价"三位一体的体系，有效的保证了企业信息化的建设，提高信息化的成功率。

2.树立典型案例、在推进企业信息化的过程中采用"标杆管理"方法

如果说以上那些政策是"推"的策略的话，那么这则是典型的"拉"的策略，即通过宣传信息化建设的成功案例，通过"现身说法"，提高企业对信息化建设的具体认识和体会。尽管目前全省信息化建设的成功案例不是很多，但是可以考虑在一定的范围内，树立相对比较典型案例，并通过适当的媒体宣传，加大其他企业对信息化成功案例的认识，并结合自己所在企业的实际情况，有目的的开展信息化建设。而标杆管理就是一个确立具体先进榜样，解剖其各个指标，不断向其学习，发现并解决企业自身的问题，最终赶上和或超过它的这样一个持续渐进的学习、变革和创新过程。标杆管理必须基于明确的目标，不能盲目地学习，即在实施过程中，一定要坚持系统优化的思想，即要着眼于总体最优，而不是某个局部的优化，以获得协同效应。其次，要制定有效的实施准则，以便循序渐进，避免盲目性。因此在这个过程中，必须要严

格按照国家信息化体系的基本框架，即信息资源、国家信息网络、信息技术应用、信息技术与产业、信息化人才、信息化政策法规和标准等六个方面，来建立省市一级的标杆企业，作为其他企业的示范，使得企业信息化的目标和方法面更加明确。以上是从宏观的政策与法律法规方面来说明，作为政府部门，如何来加大对当地建筑企业信息化建设的管理力度和规避措施。

（二）微观层面的风险规避

1. 加强规范化、标准化建设

企业中，企业总部和各级分公司、项目部、各业务流程（合同管理，经济管理，文档管理等），都必须走向规范化和标准化。信息系统编码方法要统一，由权威的编码认证部门进行认证，取消录入不规范的简写以及按名称流通等手工管理的做作法。此外，还应对企业信息的生命周期及在其生命周期的每一个阶段的管理问题作出规定。

2. 信息化实施的效果评价和持续改进。

为了掌握信息化的实施效果，必须全而检测和科学评价信息化的运行情况，明确其所处的级别。例如采用美国 IBM 公司提出的 ABCD 检测表方法。该方法将信息化系统的 4 个方面通过 25 个检测问题以检测表形式系统地列出，按照每题 4 分、最好者得 4 分的标准进行评分，并根据总分的不同范围划分成 A、B、C、D 四个级别。根据最后的级别，可以充分地认识到目前信息化的有效性及其瓶颈，并针对此瓶颈设计改进方案。

3. 加强信息化项目的可扩展性

信息化今后的发展方向就是和其它软件及信息工具的集成。不同的集成度其价格差异很大，企业应根据自己的情况选择相应的产品。其次为产品是否支持二次开发，好的信息化软件系统结构应该是系统结构的核心逻辑和友好的客户界而面的逻辑分离，这样为今后信息化软件的升级换代提供广阔的发展空间。最后在是产品的可操作性。目前在建筑施工企业的信息化程度较低，企业员工计算机水平相对较低的情况下，更要求信息化产品具有良好的可操作性。

（三）操作层面的风险规避

1. 实施人员的组织

实施人员对于系统的成功实施至关重要。由具有丰富系统项目实施和企业流程管理经验的咨询人员和企业内部的管理人员、业务人员以及技术人员一起组成项目实施小组，共同进行项目实施工作，可以提高系统实施的成功率，缩短实施周期，减少实施风险。由于集成化信息资源管理系统的复杂性，涉及的部门很多，许多实施工作需要各部门的协作才能完成。因而，在实施项目的组织过程中主要解决的问题是协调部门之间工作、统筹安排跨部门的实施人员、避免出现争吵扯皮现象。建筑企业可以成立专门的信息化项目实施机构，选派一批既懂业务、又懂计算机技术的人员作为信息化项目实施专门人员，并通过"送出去，请进来"的方式，开展相应的培训工作。

2. 时间和进度控制

企业信息项目的实施通常需要几年时间。在这一漫长过程中，进行项目管理、控制项目进度、确保整个实施过程中能够按照预定的时间表进行，对项目的成败至关重要。特别是在实施过程中必须要保证那些里程碑性目标按时达到，否则最终会造成项目半途而废或系统上线严重延误。为保证项目按计划顺利实施，如企业可以指定一名副总经理全程跟踪项目的实施情况，并把项目实施情况作为总经理办公会的主要议题，从人力和财力上给予大力支持。同时，如果条件许可，可以引入第三方监理机构对整个项目的实施质量和进度作全程监控，保证项目实施的时间和进度依计划进行。

3. 实施成本控制

企业信息管理系统的实施成本通常包括：硬件费用、软件使用许可费用和软件培训费用、实施咨询费用及维护费用等。根据国外企业信息管理系统实施的成熟经验，一般实施咨询费用是软件使用许可费用的 1.5～2.0 倍。在实施过程中，如何合理分配实施费用，结合项目进度和时间安排，将实施成本控制在计划之内，是实施企业信息管理系统时需要认真对待的问题。由于不能按照项目时间进度计划开展实施，造成时间上的延误和实施成本上升，使最终系统最终上线也不能符合时间和预算的要求，客观上造成实施的不成功。实施成本的支出必要性要得到建筑企业领导和部门领导的一致认可，在进行项目预算时，公司可以会同公司财务部、审计部和专业咨询机构对实施费用的构成、使用计划、稽核方式进行详细的研究，制定详细的使用方案，确保项目的顺利实施。

4. 实施质量控制和实施结果的评价

除了需要对企业信息管理系统项目实施进行时间和成本的控制外，对实施的质量和最终实施的结果也需要做出相应评价。为保证项目保质保量、按时进行，建筑企业可以进行信息化项目实施咨询与监理机构的选聘工作，通过第三方咨询与监理机构的介入达到对项目的实施质量和效果进行实时监控。

第五章 互联网背景下企业经济管理模式的创新

第一节 互联网时代改变企业经济管理模式

当前我国互联网技术呈现日新月异发展趋势，互联网与移动互联技术对于社会的发展起到一定的推动作用，影响着经济生态与经济社会发展方向。基于互联网时代下，企业朝着规模化与多元化、信息化与集约化等方向发展，同时也对企业的发展提出了众多的要求，企业内部管理工作面临着严峻的挑战。特别是企业经济管理面临着极大的变革，财务信息资源整合与应用成了企业管理模式创新改革的重要发展趋势。

一、互联网环境下企业经济管理模式现状

我国加入世界贸易组织后，我国经济发展速度较快，在长期积累过程中，由于受到计划经济发展的影响，企业的经济发展模式，一直在走改革发展道路，虽然取得了一定的成绩，但是相对于发达国家而言，我国企业内部经济管理模式仍然存在较大的差距。在互联网背景下，我国部分企业的内部经济管理模式存在各式各样的问题。如经济管理制度构建不适应，互联网时代的发展，大部分企业并未正确认识经济管理模式的创新管理者的认知较为匮乏，所以企业缺乏管理团队，内部经济管理制度构建不完善，难以及时有效的企业经济管理模式进行改善创新。再加之企业的发展观念较为滞后，大部分企业虽然认识到当前的经济管理模式存在不足之处，但是由于缺乏行动

力，在改革创新过程中受到一定的阻力，如传统的家族式企业思想顽固不愿意与时代发展紧密贴合，所以在发展过程中既可能会被市场所淘汰，也严重制约着企业的发展步伐。企业的内部组织框架设置存在不合理情况，缺乏市场敏感度，基于互联网改革环境下，企业的经济管理模式创新，必须要运用动态发展的眼光分析并看待问题。目标设定应当划分为长期目标与短期目标才能够提高企业的经济发展水平，但是当前大部分企业的内部组织框架设置存在不合理情况，所以企业的未来发展目标不明确。

二、互联网环境下企业经济管理模式创新路径

（一）构建政府引导型经济管理模式

企业经济管理模式创新必须要更新思想认识，提高企业对国家政策的把握与运用能力，所以笔者建议企业必须要吃透吃准国家相关政策，深入分析并解读政策，根据企业的发展实际情况切实做到心中有数，对于企业的经济决策必须有效改善传统落后的经济管理模式，过于依赖政府的政策行为。能够贴合自身的实际情况，合理的规划市场经济确保市场竞争，合理化发展有助于提高企业的经济发展水平，进一步保障企业的主体地位。基于互联网环境下，企业经济管理模式必须有效结合国家的辅导机构，对于各项政策的有效应用进行意见指导，例如，基于"一带一路"倡议和长江经济带发展战略，都必须参与企业以及各项互联网技术，通过大数据技术对企业的发展进行高校指导构建政策引导经济管理模式。

（二）企业创新知识型经济管理模式

随着互联网不断发展和创新，在互联网模式下，企业要不断地创新管理模式。由于经济管理模式的转变需要提升思维的创新性，所以要构建知识型的经济管理模式，就要结合当代市场的发展趋势创新知识型的管理策略，依据市场的发展动态。在企业当中以人为本注重人文核心的发展理念，在发展过程中，将企业内部文化与建设落实到实处，并且将科学发展观念运用到现代化企业经济管理当中，使互联网环境下的企业能够高效地运转，增强企业经济管理的科学性和严谨性，要重视从内部经济管理当中进行知识型的积累和完善，将知识与市场相互结合才能够提高企业的综合竞争能力。我国经济发展的过程当中，要积极鼓励其他企业进行交流和合作。由于现阶段市场经济环境的影响，各方各业在发展过程中要以客户作为主要的市场重心制定相应的发展策略，对企业在实际运行当中的问题进行有效的创新和调整，不断增强企业的服务意

识和管理理念，借助互联网发展模式提升企业管理的高效性。使互联网能够更加便于企业的完善和发展，并且通过互联网借鉴其他企业先进的发展框架，结合互联网整合战略步骤。企业在发展过程中，不光要引进先进的人才和技术也要升级考核体系，完善企业发展的理念。企业员工在企业运行的过程当中要避免纸上谈兵，通过实践性的劳动，不断地创新管理策略，在企业运行过程中，当企业市场的不断完善，要制定合理的计划，完善自身的思想状态，通过科学的工作理念，提升企业运行的效率。企业管理者要全方位评估企业员工的个人综合素质以及工作能力，为企业未来的发展奠定良好的基础，提升企业员工思想的开放性和责任心。

由于研发是企业发展创新的根本，也是企业运行当中的重要基础，企业在发展过程中通过引入新型的管理策略，结合自身发展的优势和缺点，不断地进行完善和更新，才能够在市场当中占有一席之地提高自身的综合竞争能力，使利润得到最大化。随着市场的不断发展和创新，企业在运行过程中竞争越来越激烈，所以企业要想提升自身的竞争能力，就要创新管理机制，通过有效地提升员工的工作热情建立校企合作的模式，为企业的技术发展提供科学的支持增强企业的知名度和推广能力。

（三）企业构建财务型经济管理模式

企业的经济管理模式发展创新可以向着财务型经济管理模式的发展方向，所以企业在发展过程中要重视内部的管理策略建设。在管理策略建设过程中，要借鉴其他先进企业经济发展运行的方式，不断创新财务管理的科学性，通过组织财务活动规范财务管理的各项流程使企业能够改变以往的经济粗放型管理方式，注重负债率的解决，重视企业环保工作和产品质量，提升企业的知名度和综合竞争能力，通过科学的制度和管理模式能够有效地提升管理的严谨性。并且按照现阶段市场经济发展的要求，完善现代企业财务管理高效性，使企业在改革过程当中解决经济发展带来的各项问题，保证现代化企业经济管理模式制度的科学化和研究化，从而促进我国企业财务管理制度的发展。

（四）构建信息型企业经济管理模式

随着互联网时代的发展高新技术产业，以互联网为依托发展创新越来越完善，所以企业经济管理模式需要结合现阶段管理的理念，强化信息化管理的实效性。在企业经济管理过程中需要企业领导人员转变思想观念注重创新，利用科学的技术驱动创新型企业的发展，并且通过创新技术引领企业增强综合竞争能力，提升企业所生产产品的质量，将创新与发展，引入了企业的运行当中，从而确定信息技术研发的目标，找到适合企业发展的新型经济管理模式，提高企业综合竞争能力。随着信息化和知识化的不断创新和发展深入到企业内部的管理当中，使企业未来在发展过程中要以信息型经济管理模式为依托形成系统性的管理方案，渗透到企业运行管理的方方面面，从而增强企业的综合凝聚能力，提升企业的综合竞争力。

（五）精英和人才的培育引进

在企业培训过程当中，需要管理者要提高自身的综合素养，在管理过程当中注重人才的选择和任用，利用同一眼光选择人才是存在不足的，也是愚昧的人才选取方式，任何一个成功的企业在选取人才过程当中需要依靠自身的魅力来吸引各界人士，并且充分考虑到人才真正想要的是什么，想学的是什么。企业在发展过程中运行的有效性取决于人才的留存，所以在制度完善过程中要以人为本注重人性化的管理和培训理念。在管理过程中采用合格的人才培训措施，网络支撑团队的发展，满足社会的实际需求，企业也要做好相应的准备工作，在发展过程中与学校接轨建设教育团队，为企业的发展做好保障工作。

结合上述内容，我们能够看出基于互联网环境下企业发展必须要紧密结合现代企业的发展需求，特别是经济管理模式创新。企业应当从思想上与制度上、政策上进行创新，确保企业能够对经济管理模式有新认识和应用，进一步创新发展行为，才能够促进企业可持续建设，提高企业的经济效益与社会效益。

第二节　互联网时代推动企业经济管理模式持续创新

在企业经济管理工作中，应利用信息和互联网平台优势，创新企业管理模式，以时代发展趋势及"互联网 +"自身特点，对传统经营管理方式与手段进行优化，提升企业市场竞争力的同时，优化经营管理水平，创造新的发展机会，成就新的发展生态。

一、"互联网 +"时代与企业经济管理特征

（一）"互联网 +"时代特征

"互联网 +"时代下，信息技术已经成为现代各个行业工作的有效手段，为企业

经济管理工作带来效益的同时，也对企业经营管理模式提出较高的要求。为了借助互联网创新企业的经济管理模式，需要掌握"互联网+"时代的特征，为创新管理工作开展提供基础保障。

第一，"互联网+"时代具有信息透明与开放的特点。

在互联网中充斥着各种类型的信息，在使用的过程中，用户可以根据自己的需求，在网络中筛选信息，利用网络中的信息解决问题。公开透明、开放的互联网，实现资源共享，为用户提供较多的便利。

第二，重塑结构。

互联网时代下，人们的工作方式、生活方式都发生较大的变化，人们可以参与互联网话题的讨论，同时也能成为话题信息的发布者。在企业经济发展的过程中，加强互联网的运用，利用此重塑组织结构，优化企业内部管理模式，为企业经济可持续发展打下坚实牢固的基础。

第三，信息数据的流动性。

互联网中存在较多的数据信息，这些信息内容并不是一成不变的，而是会随着数据的流动而出现变化。因此在企业经济管理创新的过程中，加强互联网中数据的利用，借此分析企业经营管理问题，优化企业内部管理效果与质量，促使企业更好地发展。

2. 企业经济管理特征

随着时代的发展，企业的生产经营模式发生较大的变化，经济管理出现多元化、多样化的发展趋势。在企业经营管理工作中，需要结合时代发展，对自身的管理模式进行创新，适应时代发展需求的同时，优化自身经营管理水平，为更好发展奠定基础。通过对企业经济管理模式的分析，其主要具备以下特征：

第一，经济管理与其他工作关系紧密。

以往企业管理中，各个部门之间比较独立，日常的沟通联系较少。在新形势下，网络时代的到来，使企业部门之间、企业之间、行业之间的信息互动越来越多。企业经济管理工作中，需要增加各个部门之间的互动，强化交流效果，为企业更好的发展打下坚实的基础。

第二，综合性。

在新形势背景下，企业经济管理工作更加主动整体经济活动，希望在现代化管理理念与措施的支持下，实现对企业业务、财务、生产等方面的综合管理。

第三，财务管理地位得到提升。

在新形势背景下，企业对财务风险的控制与决策管理工作的重视程度逐渐提升。

财务管理作为联系企业风险、决策、业务的重要媒介，通过这一工作的开展，不仅可以减少风险带来的消极影响，同时可以为企业决策与经营工作开展提供支持，能够促使企业更好地发展。

二、"互联网+"时代企业经济管理创新的意义与必要性

（一）企业经济管理创新的意义

第一，企业发展的必然方向。在"互联网+"背景下，涌现出越来越多的信息技术手段，为企业工作开展与创新提供技术手段支持，促使企业现代化建设。在这一背景下，需要对企业经济管理模式进行创新，发挥信息技术手段的优势，整合信息资源，为企业经济创新助力，促使企业稳定与长远发展。第二，提升企业市场竞争力。企业是市场经济重要组成部分，是推动国家经济建设与发展的关键因素。企业经济管理创新，改变原有的经营管理模式，实现信息化管理。管理模式的创新，实现企业现代化发展，提升内部管理工作效果，为企业发展创造更多的效益。这样一来，不仅解决企业管理中存在的不足，同时可以强化企业市场竞争力，为国家经济发展奠定坚实基础。

（二）企业经济管理创新的必要性

随着"互联网+"时代的到来，为企业经营管理模式与手段创新提供技术支持，解决企业经营管理中存在的不足，为企业现代化、信息化发展提供更多的动力。当前"互联网+"已经得到广泛的应用，成为提升经营管理水平的有效举措。若想更好地适应时代发展，提升企业的管理水平，需要做好企业的经济管理创新工作，融入更多现代化经营管理理念与技术手段，对原有的工作模式与方法进行改革，增加信息化管理工作效果的同时，促使企业管理工作有序进行。"互联网+"时代下企业经济管理创新的必要性主要体现在以下方面：

第一，"互联网+"时代的宏观影响，促使企业经济管理创新。信息时代下，互联网技术已经与社会发展融为一体，是促使社会和谐发展，提升国家经济水平的重要技术手段。企业经济管理工作中，信息技术手段的运用，能够转变企业经营管理模式，使企业朝着集约化、信息化、多元化方向发展，促使企业经济效益增长与发展。若是这一背景下，企业仍以采用传统的方式开展管理工作，会影响企业的经济效益，企业会因为经营管理模式落后而被时代淘汰。因此企业经济管理创新十分必要，是未来发展的必然趋势。

第二，微观影响。企业经营管理工作中，需要负责较多内容，如财务管理、资源分类、人力资源管理等。互联网时代，企业职能部门工作方式、生产经营模式等都发生较大的变化，若是采用以往人工的方式开展工作，会出现资源得不到充分利用的情况，无法使企业适应时代经济发展模式。"互联网＋"背景下，企业可以利用现代信息技术手段对自身经济管理模式进行改革，将此作为实现战略发展目标的手段，促使企业经济进一步发展。

第三，互联网的出现，改变了市场的经济模式与运行手段，促使企业经济管理改革。"互联网＋"的出现，为信息资源共享开展提供技术手段支持，使企业员工的经营管理模式发生改变，促使企业更好地发展。为了提升企业管理效果，需要做好经济管理的创新，结合时代发展的要求，更新经营管理水平，优化内部管理效果的同时，促使企业更好地发展，为市场经济体系的改革与创新提供更多的经验支持与动力。

三、互联网时代企业经济发展的不足

在国民经济的发展中，现代企业起着举足轻重的作用，是国民经济中不可或缺的力量。现代企业在经济管理过程中，要不断优化产能结构，与时代的发展保持同步，在互联网背景下，由于经济管理工作的繁杂，始终跟不上信息化的发展步伐，以下从几个方面阐述互联网背景下现代企业经济发展的不足之处。

（一）经济管理方法跟不上互联网的发展

在互联网背景下，互联网技术的飞速发展，互联网平台的兴起，以及互联网技术的创新升级，都使得现代企业的经济管理方式发生了根本性的变化。虽然企业的发展也在向着科技化迈进，但是在发展中遇到了这样那样的问题。例如，如何将互联网管理创新与企业管理手段有效结合、互联网高新技术成果多大程度适合传统企业吸收融合等，这些都对企业经济管理带来巨大的决策挑战与执行难点。所以企业经济管理方法不能有效借力互联网创新技术，无形中亦影响企业自身的发展。

（二）激励体系不健全

现代企业在经营管理过程中，没有建立完善的激励机制，在互联网背景下，没有充分利用互联网技术，激励机制与企业经济管理严重脱节，激励体系繁琐、有漏洞等，企业员工的积极性始终无法调动起来，最终导致了绩效停滞不前。另外，由于企业激励体系的不完善，企业无法留住人才，人员的流动非常大，不仅增加企业招聘新老员工交接的时间成本，也无形中增加了企业信息泄露的风险，企业员工因跳槽将优秀经验传播至竞品企业，均对企业的发展非常不利。

（三）人员培训成本提高

互联网背景下，企业员工更多的是追求自我价值的体现，而高薪并不再是吸引人才的唯一途径。现代企业中人才的流动率非常之高，对人才的培训成本也相应提高。现代企业在对员工进行培训中，不仅是岗位专业知识技能的培训，而更多的是多领域、多学科的培训。企业中对于岗位的需求不再单一化，而是趋向于多元化，对员工的综合素质的要求也越来越高，故而员工的培训成本相应提高，这也无形中加大了企业的经营成本。

（四）信息复杂化

在传统的企业经济管理工作中，工作内容较为笼统，没有规范化的操作流程，信息管理简单，内容单一。与传统企业的经济管理工作相比，互联网背景下的现代企业经济管理工作更加复杂，如 PMO、员工关怀、新媒体营销等。

（五）管理者技术能力偏低

互联网背景下的现代化企业管理工作，必须要运用信息化技术作为支撑，而这就对管理者的专业技能提出了更高的要求。现阶段企业的管理者仍旧采用传统的管理模式，而信息化的技术能力普遍不足，与信息化时代的发展严重不符，而对其进行培训，更是增加了管理者的抵触心理，这对企业的发展也会造成一定影响。

三、"互联网+"时代企业经济管理创新的思路

（一）制定明确的经济管理战略目标

企业若想迅速发展，就应先了解行业形势、市场竞争状况，然后再结合自身的综合实力、管理现状，构建有效的发展模式。但从实际来看，大部分企业只重视短期利益，而不重视企业的长足发展，尤其是缺乏战略目标，无法为企业发展指明方向。所以，在"互联网+"模式下，企业若要突破发展瓶颈，提升经济管理水平，则应立足于实际，

放眼于未来，制定科学的经济管理战略目标。

在制定经济管理战略目标时，企业应当考虑以下三点：第一，制定的经济管理战略目标应能促进企业创新能力的提升，并保证企业可灵活应对各种不良因素对经济管理工作造成的影响。第二，从产品质量与企业发展速度相适应的角度出发，制定产品质量、企业发展并重的战略目标。第三，注重引进核心技术，从而给企业发展提供足够的源动力。另外，在制定经济管理战略发展目标时，企业还应重点考虑经济形态对战略目标的影响。首先，经济形态的本质就是企业创造价值。那么从经济形态方面入手，制定战略目标能更好地为客户创造价值，明确企业的经济盈利模式。其次，与市场环境、行业迭代相比，经济形态更加稳定，以经济形态为基础制定战略目标，才能保证企业灵活应对市场、行业变化。最后，经济形态不受行业、阶段束缚，具有良好的适应性。在"互联网＋"模式下，行业边界逐渐变得模糊，从经济形态入手制定经济管理战略目标才能提升战略目标的适用性、包容性、连续性。如腾讯、百度等企业都是以经济形态为基础制定战略目标的，且业务拓展、企业发展都是围绕战略目标而展开的。

（二）创新经济管理理念

在"互联网＋"形势下，传统企业经济管理理念是无法适应行业发展、市场变革的。虽然大多数企业能够认识到经济管理理念对企业可持续发展非常重要，但是很多企业选择的管理理念并不科学，无法与时代同步。这主要就是因为企业决策层没有充分考虑自身的综合水平、经营现状，选择的管理理念比较落后，严重阻碍了企业的发展。"互联网＋"形势下，企业面临着容易变化的市场、多元化的经济形态、复杂的行业形势，决策人员只有充分考虑内外环境，构建科学的经济管理理念，才能获得长足发展。

首先，企业应当重视结合自身实际，构建科学的经济管理理念。在这一过程中，企业可向优秀的企业学习，充分了解企业经济管理理念的制定方法。但是需要注意的是不同性质的企业，其经济管理理念存在较大的不同。所以，企业除却要考虑自身实际外，还应考虑整个行业状态、市场情况。这样才能制定出更加科学的管理理念。

其次，企业应当品牌发展理念，并制定品牌化的发展战略目标。这非常有利于企业的长久发展。尤其是在"互联网＋"背景下，行业竞争日益激烈，同质化的企业数量逐渐增多。企业若扩大市场份额，就应打造企业专属品牌，并不断提升品牌的附加值。这也就意味着企业经济管理也需围绕着品牌战略展开。

再者，企业还应树立产品质量优先的管理理念。在"互联网＋"背景下，地区经济突破了区域限制，实现了经济大融合。这就给产品质量提出了新的要求。所以，企业要注重产品质量，以此为突破口打开市场，赢得消费者的信赖。与此同时，企业还需积极调整经济管理模式，加强产品产量的管理。

最后，企业应树立基本的经营服务理念。企业经济管理的重点是产品销售。这是所有企业经济活动中的关键环节，对企业经济效益的影响非常大。作为产品销售的最后一环，产品服务也应当得到管理者的重视。因为如今产品服务也成为了企业竞争的重点。尤其是在"互联网＋"背景下，同质化产品越来越多，产品竞争的重点逐渐从质量转变为质量与服务。显然，企业应重视服务理念，以此提升经济管理模式的有效性。另外，做好产品服务还有助于树立企业品牌现象，促进企业长久发展。总之，在"互联网＋"背景下，企业应当树立品牌管理、产品质量优先、经营服务并重的经济管理理念，从而使企业灵活应对"互联网＋"带来的影响。

（三）灵活应用经济管理手段

经济管理手段是提升企业经济管理水平的关键。"互联网＋"模式下，企业面临着巨大的生存压力、发展压力、经济压力。因此，企业应从宏观角度出发，了解市场、行业实际运行情况，并灵活选择各种经济手段，创新经济管理模式，从而有效提高企业经济管理工作的长效，促进企业的长久发展。

首先，应积极引进各种先进技术，搭建与企业经济管理实际相符的互联网管理平台，并充分结合经济管理要素，实现互联网资源的优化配置，从而改变传统经济管理工作的形式。比如企业可以利用大数据技术、计算机技术、数据库技术等搭建企业信息化管理系统，并将与企业相关的生产要素、经济活动等归入到信息化管理系统中。这样就可改变传统人工化、分散化的经济管理模式，实现企业经济管理的统一化、整体化。另外，除却应用先进技术搭建经济管理系统外，企业还应当利用互联网技术，开展电子商务活动，拓宽企业的经济发展路线。

其次，在"互联网＋"模式的冲击下，传统行业受到了极大的影响。所以，传统企业应依据实际，改变经济管理工作的重点，并加快企业转型，从而寻找到新的发展方向，制定出有效的经济管理政策。以传统媒体为例，在"互联网＋"背景下，传统媒体企业应将经济管理重点放在对互联网结合用户偏好生产内容，并定向推荐之上，从而彻底改变人们的强迫式观看体验。

再者，在"互联网＋"模式下，为了解决企业发展的资源受限问题，企业还应将融资策略与发展策略结合在一起，从而有效解决资金难题。比如结合实际情况调整行销模式，并调整销售策略，加快项目周转，保证企业现金流的充足。同时，在运营管理中，应平衡企业利润、规模、负债率，实现企业经济发展的稳步前景。以房地产行业为例，企业只有将融资与发展结合在一起，才能有效解决企业发展过程中资金链短缺的问题。

最后，完善经济管理制度，加强人力资源管理。人才才是影响企业经济管理效果的关键因素。所以，企业应制定完善的经济管理制度、绩效管理制度，充分发挥出人才的价值。况且，企业只有制定完善的经济管理制度，才能保障经济管理手段的有效落实，提升经济管理新模式的应用效果。

在"互联网＋"新模式下，企业应以科学的经济管理战略目标为导向，积极创新经济管理理念，并灵活采用各种经济管理手段，有效创新企业经济管理模式，从而提升企业的经济管理水平，也只有这样才能解决传统经济管理模式的不足之处，促进企业的稳定发展。

（四）对企业战略发展进行创新

企业应加强大数据技术的运用，借此进行市场定位，为发展战略目标与企业财务管理工作的实施提供基础保障。大数据技术具有信息资源共享的优势，可以对企业数据与市场的数据进行深入的分析，能够为企业管理者了解市场环境与企业自身发展情况提供数据支持。在日常经营管理工作中，大数据技术的运用，提升信息处理与运用效果，为接下来管理工作开展提供技术手段支持。以销售类企业为例，企业管理者可以借助大数据技术了解消费者的需求，基于此选择适合的销售方式与手段，为消费者提供良好的销售服务，使消费者从中获得更多积极的情感体验。这样一来，不仅可以提升销售工作水平，同时能够促使企业进一步发展，对企业经济管理工作开展具有积极意义。

以某企业为例，该企业为了例实现集约化管理，建立数字化运营平台，借助该平台实现重大装备安全、环保、智能、高效的润滑目标，基于在线监测预警、离线实验室诊断和现场润滑管理的润滑安全运维体系，应用物联网、云平台、大数据和人工智能等技术，构建润滑安全大数据中心和智能运维平台，建立"云平台＋数据资源＋评价预警＋工业应用"的智能运维模式。数字平台的运用，展示信息技术手段的应用价值的优势，将分散的数据信息整合在一起，为重大装备管理工作开展提供信息数据支持。

（五）完善企业经济管理制度体系

在企业经济管理工作中，加强信息技术手段的运用，将此运用在企业内部各个环节中，为企业可持续发展打下坚实的基础。管理制度体系创新工作中，可以从以下几个方面入手：

第一，营造经济管理创新氛围。

在企业经济管理工作中，需要渗透现代化经营管理理念与手段，结合企业经济发展需求，对原有的管理模式进行创建，借助信息技术手段提升各项工作质量与效率，激发员工的参与工作热情，促使企业经济效益管理工作有序进行。企业可以利用新媒体建立微信公众号、官方网站，利用新媒体进行经济管理创新的宣传工作，提升员工的创新意识与改革意识，促使企业经营管理工作有序开展。

第二，完善管理制度。

首先，对各个部门工作情况进行分析，了解各个岗位工作状态与内容，将此作为管理制度创新的依据。信息技术手段的运用改变以人为本的工作理念，要求工作人员自觉遵守规章制度，科学使用技术手段。因此在管理制度创新中，应凸显出信息技术管理的特点，借此提升管理工作效果，促使企业经济效益管理工作有序进行。其次，采用全过程管理的方式，对企业各个环节工作进行管理与约束。在"互联网+"的支持下，企业管理模式发生较大的变化。全过程管理工作的开展，可以减少经济管理风险，能够对内部管理工作情况进行动态的监督。因此，企业可以结合自身经济管理情况，制定全过程管理制度，将此作为企业经营管理方法，促使企业工作有秩序地开展。最后，建立信息沟通机制。企业经济管理工作的开展，需要各个职能部门的参与。

（六）创新财务管理模式与方法

财务管理工作对企业经济管理效益的影响较大，是促使经济管理创新改革的重要因素。实际工作中，应树立信息化财务管理理念，主动利用信息技术开展财务工作，借助信息技术提升财务管理工作有效性。部分财务管理人员没有意识到信息技术运用的价值，将工作的重点全部放在日常管理中，缺乏创新意识。鉴于此企业可以组织相关的培训活动，将信息化财务管理工作的重要性与必要性呈现出来，激发员工的信息化财务工作意识，促使财务管理转型，为企业经济管理工作开展提供支持。

在"互联网+"时代财务管理工作流程的创新与改革，可以提升财务工作效果，能够使财务工作变得更加的规范。实际工作中发挥信息技术的优势，将财务管理工作流程清晰、具体的方式呈现出来，使工作人员对财务管理工作形成初步的认识，并按照相关的流程操作，为企业经济管理工作开展提供便利。

财务共享中心的建设，为企业经济管理工作开展提供技术手段支持，解决各部门财务信息互动不及时、不全面的问题。企业可以发挥信息技术的优势，构建信息资源共享平台，结合企业经济管理创新需求，确定平台的功能，要求工作人员利用信息技术开展财务工作，为管理者的决策提供支持。当前市面上有相对比较成熟的财务共享中心，企业可以与第三方建立合作关系，共同研发适合企业发展情况的信息系统，借此提升财务管理效率，为企业适应新时代做好铺垫。

（七）打造云端升级平台

现代企业经济管理中应用"互联网+"创新管理模式，是通过互联网技术和数据分析，实现企业信息化、智能化和服务化，提升核心竞争力和运营效率的重要途径。而打造云端升级平台是提供这种服务的主要手段之一。

首先，实现数据共享和协同工作。现代企业经营中需要大量的数据支持，并且数据的可视化和协同工作也成为越来越重要的环节。通过建立"云端"升级平台，企业可以实现数据的共享、协同和可视化等，从而更加方便快捷地实现数据管理和流转。

其次，强化智能化管理和服务。云计算、人工智能和大数据等技术可以让企业在运营中实现更加高效的管理和服务。在"云端"升级平台上，企业可以通过数据的分析和挖掘，实现智能化的风险监测、智能化的供应链管理以及智能化的客户服务等，从而提高的企业竞争力和服务质量。

再次，进行数字化升级和生产优化。数字化升级和生产优化是现代企业管理的重要环节，半自动化或全自动化生产方式已经成为趋势 [4]。通过"云端"升级平台，企业可以引入物联网技术，实现生产线的数字化转型，采取更加高效的生产方式，提高生产效率和减少生产成本。

最后，加强云计算安全和风险控制。随着数字化和智能化水平的不断提高，企业面临着诸多安全风险和隐私泄露的问题。因此，在使用"云端"升级平台时，必须加强云计算安全和风险控制。企业需要与云平台服务商合作，在云平台上配置各种安全防护措施，包括数据备份、漏洞修复、身份验证等措施。

由此可见，云端升级平台是企业实现"互联网+"创新管理模式的关键手段之一。企业应该在应用"互联网+"的过程中，运用上述有效策略，实现数据共享和协同工作，强化智能化管理和服务，进行数字化升级和生产优化，加强云计算安全和风险控制，以此提升企业的核心竞争力和运营效率 [5]。企业应该在技术和业务的路径中平衡增长和安全，完善数字治理体系，确保数字治理的安全和可行性，推进数字化中心的建设和优化，实现企业的可持续发展。

（八）加强经济管理监督

首先，建立科学的管理信息系统。企业应该建立科学的管理信息系统，实现对企业运营的全方位监测和评估。通过建立信息化的管控手段，对企业内部运营和外部业务拓展进行可视化和可控化，从而建立高效的管理机制和数据决策支持系统。

其次，建立全面的风险控制机制。企业在应用"互联网+"创新管理模式的过程中，需要建立全面的风险控制机制，定期对企业运营进行风险评估和分析[6]。同时，建立风险管理体系，对可能出现的风险进行预测和防范。通过风险管控，企业能够在运营中避免大幅度的损失，并及时做出相应的调整。

再次，建立合理的内部管理规则。企业需要建立合理的内部管理规则，包括规范的工作流程、职责分工、权限设置等内容。对于关键业务的操作，企业应该建立审批机制和内部控制机制，有效保证企业运营的合规性和公正性，避免重大经济损失。

最后，加强内部监督和考核机制。企业内部监督和考核机制是确保企业内部管控和经济管理监督的重要保障。企业应该将内部监督和考核作为重要工作之一，对不同部门和员工展开有效的考核和评估，重视员工激励，保证员工的工作积极性，做到内部监督的有效实施。

总而言之，在"互联网+"背景下，企业经济管理转型发展十分重要，是提升企业市场竞争力与综合管理水平的重要举措。由于管理理念、管理制度等方面的问题，影响经济管理转型。在企业经济转型过程中，应凸显出"互联网+"时代与经济管理工作的特征，树立现代化管理理念，完善管理制度，创新财务管理手段，以此推动企业转型发展，提升企业的综合管理水平。

第三节　互联网时代拓宽企业经济管理渠道

当前我国信息化技术不断向前发展，其中各种新型的计算机技术、互联网技术以及大数据技术等都得到了有效地开发和使用，在很大程度上推动了我国社会企业的发展速度，同时基于互联网发展背景下，我国中小型企业的经济管理工作正在面临更高的挑战以及具有全新的发展机遇。在全球经济一体化发展背景下，社会经济市场发展体制逐渐出现转变，各个不同行业得到了长远稳定的发展，通过信息技术和互联网技术的有效融合，对整个企业的经营发展理念以及工作管理模式提出了全新的要求。互联网发展背景下我国社会当中中小型企业的经济管理工作需要不断进行改革和创新，同时有效拓宽工作发展思路，针对企业的经济管理工作以及相关的战略发展做出重要的保障，有效解决经济管理工作当中所存在的各种影响因素和干扰问题，实现对整个企业的长远稳定发展提供出良好的创新性道路，不断推动企业在互联网发展背景下的快速发展。由此可以看出，在互联网发展背景下，针对中小型企业的经济管理工作进行创新研究具有非常重要的现实意义。

一、互联网的发展中小企业成长的特征

（一）经济由虚转实

为了给社会经济的发展创造出更好的平台在不受空间和时间方面上的约束，可以最大限度上提高整个商品交易的经济效益，其中很多企业在发展过程当中，建立起了全新的商业发展模式被人们称之为虚拟经济，这种虚拟的经营方式可以在我国部分中小型企业当中，扮演出非常重要的工作角色，主要是建立与互联网平台基础之上，实现了对互联网虚拟特性的有效运用，将互联网技术和传统行业之间进行有效衔接，为社会大众展现出实体经济和虚拟经济的有效共存。基于这一发展形势可以将虚拟经济和实体经济之间进行有效的互通，保证传统企业的经营模式朝着先进的信息化理念上不断发展。通过虚拟企业经营模式的运用，有效保留了原有企业内部的经营管理工作模式，可以从不同的层面当中来加以体现，为企业长远稳定发展打下了良好的基础。

（二）决策竞争到速度竞争的转变

当前阶段我国社会当中很多企业的发展速度不断加快，在企业的整体经济效益和创造价值方面都有着明显的提升，同时各大企业在发展过程当中，针对自身的运营发展体制进行了有效的变革，其中存在很多企业在较短的发展时间范围内，已经逐渐成为了行业内部的佼佼者。在传统企业的发展过程中产生这一现象，主要是因为传统经济在实现创新工作当中，依靠互联网技术平台将实体经济慢慢朝着虚拟经济的方向上不断延伸。通常情况下主要针对的是互联网为基础提供出相应的工作平台，让整个企业在发展过程当中实现了良好的工作决策以及良好的经济发展。中小型企业在发展过程当中，能否在经济管理模式上取得良好的成功，通过发展速度和发展质量来加以决定，但是企业在实际的发展过程中不能将目光设定过于短浅，不能单纯追逐于眼前的利益，需要将重点放置在消费者的角度上来进行分析和变革，以此才可以慢慢发展成为一个成功的社会企业。

（三）生产者规模经济到消费者规模经济的转变

消费者作为经济发展工作当中的两大构成主体，互联网在其中扮演着重要的连接作用,充分保证了二者相互之间的信息沟通和经济往来,让客户在互联网平台当中随时了解到一个企业名下的相关产品。在商品的购买过程当中是否对其服务态度完全满意,依照商品购买过程当中产生的各种问题,对企业提出相应的发展意见,以此来保证整个企业朝着更加长远的方向上不断发展。在某个特定的工作环境当中,消费人员还可以有效参与到产品的设计工作当中,充分展现出消费者独有的经济权益,尽管在消费者经济管理模式下,对顾客所提出的需求标准各有不同,同时所生产出来的产品类型也有所差异,但是在互联网经济的发展背景下,所存在的庞大消费人群,有效推动新型的经济管理工作模式的产生,长此以往,在社会经济的发展过程当中,中小型企业在该环境当中可以得到长远稳定的发展。

二、互联网时代下企业经济管理的创新策略分析

(一)加大优化资源配置的力度

在前期的发展过程中社会当中一些中小型企业,通常情况下会给人一种封闭发展的态势,但是基于互联网经济的发展背景下,必须要求某些中小型企业采取全新的管理工作模式,通过开放性姿态有效地呈现给社会大众。信息传递工作当中采用集体化的资源优化和配置形式,有效突破了时间和空间上所存在的极限性,开拓了中小型企业在发展过程当中的视野宽度,让企业在社会市场的变化过程中找到自己适合的发展方向。在全新的领域当中针对产品进行有效的销售,促使企业形成合理的资源配置,在这一发展趋势下经常会造成社会企业在经济活动范围内变得更加困难,进而造成了企业内部出现无组织无边框运营发展模式。通常情况下这种经营方式,在互联网时代下的跨国企业当中可以得到有效的应用,但是在部分中小型企业当中的适用程度并不是非常明显。

(二)积极开展电子商务活动

通过上述的问题分析可以得出,在网络当中的部分中小型企业,可以采用电子商务的运营发展模式,可以最大限度上节省实体经济交易工作当中所产生的各种费用,同时还可以有效降低商品在流通过程当中所产生的运输成本,有效避免了中小型企业在发展过程当中受到发展规模较小以及资金供应不足等方面的缺陷,促使企业在发展过程中积极宣传电子商务服务活动,从中可以看出网络经济发展过程,对整个中小型

企业交易工作提供出了大量的工作机会，运用在线交易的方法使得某些交易环节由困难变得更加简单，同时有效减少了交易工作时间，提高了整个商品交易的成功率，为企业的经济长远稳定发展打下了良好的工作基础。

（三）创造"长尾"优势

现阶段在互联网发展背景下，商业模式的重心也在逐渐出现偏移，造成了一些主流的商品慢慢进入到一些非主流市场当中，这也是社会经济发展过程中出现的长尾效应，这一效应已经成为了我国社会企业当中，大多中小型企业的共同发展趋势，尤其在实际的发展工作当中在面临强大的社会环境压力之下，中小型企业需要将客户的力量作为自己的发展支撑点，将整个经济发展的长尾效应充分展现出来。通常情况下，长尾效应在我国中小型企业的发展过程当中，主要是依靠以下几个方面特点来加以开展：首先，运用比较发达的互联网技术，有效降低企业运营工作当中所产生的经济成本支出，依照大规模的用户数量，针对不同产品的要求标准来进行分析，从中谋取相应的经济利润，但是在这两个特征当中也是中小型企业所具备的重要性关键点。因此，在中小型企业的发展工作中，通过常规效应所具有的优势，可以在激烈的社会经济发展工作中占据有利地位。

三、互联网时代中小企业面临的机遇与挑战

（一）在公平环境下竞争

在互联网时代的发展背景下，社会当中企业大部分的运营发展都是基于互联网平台当中，这给中小型企业的运营和发展提供出了比较公平的竞争机会，可以在发展过程中以互联网平台为基础和大型企业之间来进行竞争和比拼，在获取重要信息的同时不会受到大型企业的压迫，充分展现出中小型企业自身的发展优势，有效确定出中小型企业在未来发展过程当中的具体方向。在此基础之上，需要针对企业的未来发展战略加以充分明确，有效提出适合中小型企业长远稳定的发展战略。在互联网发展背景下中小型企业可以和客户之间实施实时性沟通和交流，客户可以第一时间充分了解到自己所需要产品的相关信息，让整个市场竞争趋于透明化，通过这一现象可以充分保证大型企业和小型企业相互之间处于一个和谐的发展状态，在竞争过程当中保持良性竞争，以此来有效保证整个社会经济市场的长远稳定发展。

（二）创造需求，迎接挑战

由于互联网技术的不断发展，有效实现了由有线到无线的全面信息覆盖，传统的经济管理模式上所存在的局限性完全被打破，进而慢慢衍生出了一种虚拟化市场，中小型企业在发展过程当中，整个活动范围不会受到明显的限制，同时中小型企业需要有效抓住发展机遇，基于互联网发展背景下有效改变自身的管理工作模式，采取相应的解决措施，来不断提高企业在社会经济发展过程当中的竞争力，在日益激烈的社会经济发展环境下，保持自己处于主动发展地位。在此过程当中传统经济管理模式的创新工作会直接造成企业整体生产形势出现转变，如果没有采取科学合理的解决措施，那么在后续的企业发展过程中，经常会出现各种管理工作上的矛盾问题，因此这也造成了部分中小型企业在管理工作当中所遇到的难题之一。如果没有对这一问题加以有效的解决，在后续的企业发展过程中将无法顺利开展相应的管理工作，进而整个企业的发展速度无法符合社会经济的发展趋势，因此，这一部分企业必须要端正自己的心态迎接全新发展模式下的经济变革，在企业的未来经济发展过程中，需要针对全新的经济管理体制来加以有效的制定，同时有效的运用在企业发展过程中的经济管理工作当中，充分实现整个企业的经济效益和社会效益。

为了有效适应现阶段我国社会经济和科技技术的发展速度，中小型企业必须要针对传统的经营管理模式来进行有效的创新和改革，在此过程当中中小型企业需要充分认识到自己在改革和创新过程当中所面临的问题和挑战，充分明确改革创新过程当中的关键性影响因素，有效把握好互联网发展时代下的机遇和挑战，以此来提高自身在社会经济发展过程当中的地位，实现整个企业的长远稳定发展。

参 考 文 献

[1] 王祚昆．探讨传统经济管理思想对当代经济管理实践的影响 [J].时代金融，2017（27）：199+202.

[2] 向俊峰，宋山梅．中国传统管理思想及其当代转型研究 [J].经济研究导刊，2018，366（16）：187-188.

[3] 蓝建平．对企业经济管理的现状分析及对策探究 [J].中国经贸，2017（11）.

[4] 杨敏．网络经济对传统企业管理的影响及对策 [J].纳税，2018，12（31）：241.

[5] 王家喜．浅谈如何发挥财务会计在经济管理中的作用 [J].中国管理信息化，2019，22（20）：22-23.

[6] 张红玲．管理会计在教育财务管理中应用策略研究 [J].辽宁省交通高等专科学校学报，2019，21（4）：20-22.

[7] 李晓株．基建财务会计如何参与工程项目的经济管理 [J].企业改革与管理，2019，（15）：128-129.

[8] 邬娟，李琳．经管类非会计专业会计学课程教学改革研究——基于"史密斯 - 雷根"模式的探讨 [J].商业会计，2019，（19）：108-111.

[9] 周宇．传统经济管理思想对当代经济管理的影响分析 [J].中国国际财经（中英文），2017（23）：258.

[10] 王祚昆．探讨传统经济管理思想对当代经济管理实践的影响 [J].时代金融，2017（27）：198，201.

[11] 梁纯．当代经济管理受传统经济管理思想的影响分析 [J].现代经济信息，2017（18）：92.

[12] 张婷婷．传统经济管理思想对当代经济管理的影响 [J].企业改革与管理，2017（10）：22.

[13] 王博韬．传统经济管理思想对当代经济管理的影响分析 [J].中国集体经济，2017（12）：23-24.

[14] 李双彩 . 浅析经济管理现代化和经济管理发展新趋势 [J]. 现代营销（下旬刊），2017（6）.

[15] 易兰 . 浅谈经济管理现代化及经济管理发展新趋势 [J]. 商场现代化，2017（17）.

[16] 刘定荣 . 探究经济管理现代化和经济管理发展新趋势 [J]. 经济师，2018（9）.

[17] 金东月 . 加强农村经济管理促进农村和谐稳定 [J]. 吉林农业，2019（18）：44.

[18] 曾翠丽 . 通过规范农村经济管理促进农村经济和谐发展 [J]. 农村实用技术，2019（8）：8-9.

[19] 于高峰 . 加强农村经济管理工作的几点思路 [J]. 农民致富之友，2019（31）：244.

[20] 吴加云 . 新时代背景下实现经济管理现代化的研究 [J]. 管理观察，2018（14）：146-147.

[21] 李笑宇，樊远洋 . 经济管理现代化的表现形式与发展新方向 [J]. 收藏与投资，2017（2）：17.

[22] 郝铎涵 . 经济管理现代化和经济管理发展新趋势 [J]. 全国流通经济，2017（10）：28-29.

[23] 李宾，周向阳 . 自主治理：管理现代化的新方向 [J]. 现代管理科学，2013（1）：94-96.

[24] 马晓亚 . 经济管理现代化和经济管理发展新趋势的研究 [J]. 现代经济信息，2018（9）：97.